유 영 아

경도를 기다리며

1

경도를 기다리며

유영아 대본집

arte

차례

일러두기

1. 이 책은 유영아 작가의 드라마 집필 형식을 최대한 따랐습니다.

2. 대사는 어감을 살리기 위해 한글 맞춤법에 어긋난 표현도 최대한 살렸습니다.
   지문은 한글 맞춤법을 따르되, 작가가 의도한 글맛을 살리기 위해 일부 표현은
   예외를 두었습니다.

3. 이 책은 작가의 최종 대본으로, 방영된 드라마와 다른 부분도 포함되어 있습니다.

아직 드라마가 방송되기 전, '작가의 말'을 적어 내려갑니다.
오늘 〈경도를 기다리며〉 OST 〈어떤 날 어떤 마음으로〉가 선공개되었어요.
게다가 첫눈이 내리는 밤입니다.

누군가 저에게 당신의 청춘은 어땠었냐 물어올 때면, 주춤주춤하곤 했어요.
당시는 제 청춘이 참 남루하다 생각했어요. 가난했고 가정사도 아팠고 하루하루
살아내는 게 고단했었어요.
그 시간들을 어찌할 바 몰라 책을 읽었고, 취하는 날들이 많았고, 그러다 한 자 한
자 뭐든 적어나갔습니다.
간절한 바람이었던 작가, 누군가 나를 작가라고 불러주길 바라며 써 내려간 부끄
러운 습작들도 숱합니다.

저의 서툰 스무 살 즈음의 기억을 이 드라마에 담고 싶었어요.
물론 저는 극 중의 경도나 지우 같은 사랑을 만나진 못했어요.
그저 영화 일을 하고 싶다, 글을 쓰고 싶다 방황만 했더랬습니다.
그 학창 시절의 기억 속에 '이경도'를 심고 '서지우'를 심었어요.
자연스럽게 저의 학창 시절의 기억과 정서는 배경으로 물러나고, 경도와 지우의
아프고 긴 사랑과 이별이 선명해졌습니다.
이경도라는 인물을 써 내려갈 때, 단 한 번도 캐릭터 값에서 벗어나지 않는 것을
보면서, 이경도를 더욱 아끼게 되었어요.

한결같은 선택을 해가는 이경도, 그 경도를 놓아주려 애쓰는 서지우.
하지만 경도가 없었다면 지우는… 살아갈 수 있었을까 싶어요.

누구에게나 '경도'는 있을 겁니다. 내가 주저앉을까 봐 노심초사하는 누군가, 나를 지켜내고 싶어 하는 무엇이 있을 거예요.
저도 작품을 집필하면서 제가 기다리는 '경도'는 무엇일까 생각해보았어요.
부디 여러분의 '경도'를 만나시길 바랍니다. 그렇게 이 드라마가 여러분께 위로와 봄바람이 되길 바랍니다.

작가 유영아

사랑이 밥 먹여주냐 그런 말 재미있죠.
어떻게 생각하세요, 사랑 그거 지나고 보니 별거 아니던가요?

캐바캐겠지만, 여기 두 사람은 별것인 사랑을 합니다.

스무 살에 한 사랑은 풋사랑이라 쳐요.
헤어지고 스물여덟에 다시 만났을 땐 운명 같아 인생을 던집니다.
그리고 다시 헤어져 뼈가 녹아내리는 듯 고통스러웠어요.

이제 서른 후반에 다시 마주하니 서로 애석하기만 합니다.

나이도 먹었고, 싱그럽던 청춘도 지나갔어요.
근데 이 두 사람의 사랑은 늙지도 않고 날이 갈수록 선명하기만 합니다.
서로 인정을 안 한다는 게 패착이죠.

그녀가 덥지 않게, 춥지 않게, 비 맞지 않게, 바람에 시리지 않게.
최선을 다하고 있으면서 별거 아니라고 하는 건 어불성설이죠.

그가 그녀를 여전히 사랑하고 있다는 것을, 그녀에게 또 자신에게 증명하는 한 남자의 이야기입니다.

이경도 38세, 동운일보 연예부 차장

"순정남이라고 부르지 마. 한 여자 못 잊어서 18년째 어정쩡한,
나 그런 놈 아니다. 스물에 한 번, 스물여덟에 한 번, 토탈 1년?
그걸 왜 못 잊어, 서지우가 뭐라고….."

동운일보 입사 면접 때 사회부 기자가 아니면 안 한다고 했다. 그 일화가 여전히 회자되고 있다. 이유는 문화부 기자로 뽑혔고, 찍소리 못하고 입사하여 결국 연예부 차장까지 와버렸기 때문이다.

그 스물여덟에 사랑하는 지우가 찾아들었고 돌아가 버렸다. 지우를 못 잊어 결혼을 안 한 건 아니다. 새로운 인연을 만난 적도 있지만 길지 않았다. 서른여덟에 다시 지우를 대면하고 일련의 해프닝을 겪으며 알게 된다. 지우의 영향으로 새로운 인연에 깊은 관심을 두지 않았었나 보다.

서지우 38세, 자림어패럴 차녀

"그래, 나 돈 많은 거 말고, 뭐가 있니. 나는 뭘 해도 그렇게 재수가 없더라고.
스물에 한 번, 스물여덟에 한 번, 그때 잠깐 괜찮았었지. 경도 덕분에….."

여배우 뺨치는 셀럽이자 재계의 트러블메이커. 그런 지우를 따뜻한 눈으로 바라봐

준 사람은 아버지와 언니였다. 그러나 아버지는 매우 바쁘셨고 언니는 공부하느라 시간이 없었다. 그것이 비극이었다. 시간이 남아도는 이는 엄마였는데, 엄마는 늘 지우를 차갑게 대했다. 언니가 뛰어나다 보니 상대적으로 자신을 미워한다고 생각해왔지만, 그 우울감은 성인이 되어가는 지우를 깊게 지배해왔다.

아빠와 언니 외에 지우를 따뜻하게 바라보는 사람이 생겼다. 이경도. 스무 살에 경도를 만나 너무나 행복하고 설렜다.

철없던 스무 살에 헤어진 경도를 스물여덟 살에 다시 만나 사랑했을 때, 이제 이별할 리 없다고 생각했다. 하지만 경도의 인생에서 가장 힘든 시기가 닥쳐왔고 결국 이별했다. 그리고 마흔을 코앞에 두고, 첫사랑 이경도를 다시 만났다.

지리멸렬 친구들

박세영 40세, 나무미술학원 선생님

서양화를 전공하고 미술학원을 운영 중이다. 남편 차우식이 연극을 할 수 있게 돕고 있다. 지우와 꾸준히 연락했던 한 사람. 말은 거칠지만, 의리 있는 사람이다. 경도와 지우의 저 치열함이 사랑이란 걸 깨닫고 하루라도 행복하길 바라며 조언한다.

차우식 40세, 연극배우

전공은 전자과인데 연극의 매력에서 헤어 나오지 못했다. 지우를 잊지 못하는 경도의 속마음을 제일 잘 안다. 그래서 싸고돈다. 희극인으로 대학로를 지키고 있다. 아내 세영에게 늘 미안하다. 드라마 고정 하나 들어가지 못하고, 될 듯 안 될 듯하며 아직도 단역 정도를 하고 있다. 그러다 꿈에 그리던 연극에 오르게 된다.

이정민 40세, 중고자동차 사업가

아버지가 운영 중인 외제차 수입판매 사업을 물려받고 싶다. 지금은 중고자동차 사업을 하고 있다. 일 때문에 전국 팔도를 쏘다닌다. 결혼은 못 했다. 출장 갈 때마다 그 지역 특산품을 사 와 세영과 우식의 집으로 간다. 그렇게 친구들을 한자리에 모으는 것이 가장 큰 낙이다.

지우의 가족

서지연 41세, 자림어패럴 대표

자림어패럴 장녀다. 동생 지우가 보란 듯이 잘 살길 바란다. 학자 집안 아들과 결혼하여 회사 운영에 전념 중이다. 지우에게 늘 한심하다는 눈빛을 보내는 엄마에게 강한 적개심을 품고 있다. 남편 강민우가 지우 남편이 저지른 일을 기사 제보한 걸 알고 있다. 그냥 두었다. 덕분에 지우가 그놈 유책으로 깨끗하게 이혼할 수 있으니 다행이라 쳐둔다.

영국으로 가겠다는 지우가 걱정된다. 곁에서 회사 일을 배우면 좋겠다. 그러나 많이 지쳐 보이는 지우를 차마 잡지 못한다. 결혼하고 보니 스물여덟의 지우를 경도 곁에 두었어야 했나 하는 유책감이 든다. 지우를 보낼 수 없어 경도에게 부탁한다. 양심 없는 일인 줄 알지만 어쩔 수 없다.

서원석 향년 62세, 지우와 지연의 부

자림어패럴의 선대 회장. 부친이 운영하던 자림 방적을 국내 굴지의 패션 기업인 자림어패럴로 키웠다. 항상 제 곁의 사람을 귀하게 여겼다.

장현경 65세, 지우와 지연의 모

자림어패럴 사모님. 작은 병원 하나 운영하는 집의 딸이었다. 자림 방적 아들과 결혼하여 큰딸 지연을 낳고 심한 우울증에 시달렸다. 우울증을 앓던 중 내렸던 현명하지 못한 선택이 평생토록 자신과 지우를 괴롭혔다.

자림어패럴 사람들

강민우 43세, 자림어패럴 상무이사

지연의 남편이다. 대학 총장 아들이지만 집안이 넉넉하진 않았다. 지연과 결혼하며 기업의 우두머리를 꿈꾸었다. 하지만 지연이 호락호락하지 않다. 이렇게 된 바에야 이놈의 회사 팔아넘기고 돈이나 두둑이 챙기리라 마음먹는다. 배우 안다혜와의 불륜에 마약 투약 중인 둘째 사위는 제쳤고, 처제 지우는 맛이 갔고, 장모는 허세밖에 없는 여자. 제일 빡센 사람이 아내 지연이다. 여자 셋만 남은 자림어패럴. 경영도 관심 없고, 그저 회사 팔아서 편하게 왕처럼 살아보려 한다.

김충원 68세, 지우의 운전기사

지우 집 운전기사였다. 주로 지우와 지연을 픽업했다. 지금은 버스 몬다. 지연은 야무진데 지우는 늘 안쓰러웠다. 지우가 경도라는 친구를 만날 때 제일 좋아 보였다. 그래서 회장님과 사모님이 알지 못하도록 지우의 비밀을 지켜주곤 했다.
지우가 스물여덟인가… 소식을 끊고 사라져 집안이 발칵 뒤집혔다. 사실 그때 김 기사는 지우가 경도 집에 머물고 있다는 걸 알았지만 모른 척했다. 지우도 한 번쯤은 지 쪼대로 살아봐야지 싶었나 보다. 그 일로 잘렸다.

진한경 39세, 동운일보 연예부 부장

문화부에 있을 때 경도가 신입 기자로 들어왔다. 나사 하나 빠진 놈 같은 경도가 눈에 들었다. 뭔가 낭만이 있는 놈 같았다고 할까. 연예부로 자리를 옮기며 경도를 데리고 갔다. 서지우를 놓치고 힘든 시간을 보내는 경도를 보았다. 그런데 다시 그 여자가 경도 인생에 들어오니 좀 신경 쓰인다. 다시 경도가 서지우로 인해 다치지 않기를 바란다.

김두진 35세, 동운일보 연예부 기자

청담동 출신이라 유명인들이랑 동문 동창이다. 연예부보다 소식이 더 빠를 때도 있다. 예를 들면 열애 그런 거. 이경도 차장이랑 1도 안 맞는다. 연예부에 몸담고 있으면 피도 눈물도 없어야지, 기삿거리 팩트체크하다가 다 날려 먹고. 이경도랑 진짜 안 맞는다. 그래도 이경도 차장이 서지우랑 연인이었다니 좀 있어 보인다. 서지우의 남편 불륜 기사를 썼다. 차장이 목을 조여온다. 범죄 가담자라며 협박해온다.

마성철 38세, 동운일보 경제부 기자

연예부 소속도 아니면서 틈만 나면 연예부를 기웃거린다. 그 누구보다 경도 놀리기에 진심이지만, 또 그만큼 경도를 아낀다.

남보라 28세, 동운일보 연예부 인턴 기자

가십을 즐기는 덕후 기질이 연예부를 만나 빛을 발한다.

이한수 65세, 경도의 부

가난한 집에서 태어나 몸으로 하는 일은 뭐든 했다. 착하고 씩씩한 아내를 만나 성실하게 살아오다가 사고를 당해 다리 한쪽이 불편해졌다. 사고 보상금과 보험금으로 작은 세탁소를 운영하고 있다. 나이가 차도 장가갈 생각을 하지 않는 아들 경도가 걱정이다. 자신이 절룩거리는 아버지라 시작도 안 하는 건가, 마음이 안 좋다.

조남숙 63세, 경도의 모

평범한 사람이다. 남편의 월급에 맞춰서 알뜰하게 살았고 부업을 손에서 놓지 않았다. 남편이 사고를 당했을 때 살아만 있어도 다행이라 감사했다. 남편과 세탁소를 운영하고 있다. 처녀 시절 수선집에서 일했던 솜씨로 수선을 도맡아 한다. 어떤 선택을 하고 살든, 아들을 믿는다. 그저 아프지만 않았으면.

그 외 사람들

조진언 36세, 지우의 전남편

처음에는 지우와 그냥 결혼했다. 기업 간의 협의처럼 이루어진 결혼인데, 막상 지우를 가까이 두고 보니 꽤 좋았다. 하지만 늘 먼 곳을 바라보고 있는 듯한 지우가 마음에 안 들었다. 유학 시절부터 손을 댔던 마약, 복잡한 여자관계, 그 모든 것을 다시 시작한 이유를 지우 때문이라고 해두었다.

이혼하기 싫어서 한껏 뻗대다가, 자신의 유책 사유가 호되게 걸려서 이혼했는데…

불륜 기사 터뜨린 매체의 차장이… 지우 전 남친이라고? 가만있어 보자, 그렇다면 나에게도 역전 찬스가 남은 거다. 다시 서지우 남편으로 돌아가면, 이번에는 나 진짜 잘할 자신 있다.

안다혜 39세, 배우

한때 잘나가던 배우. 연기상도 수상한 적 있다. 지각과 펑크를 일삼다가 점점 잊히게 된 배우. 돈도 없고 윤기도 없는 삶을 살아가며 이런저런 남자들을 만나게 되고. 서지우의 남편도 만나게 되고, 같이 약도 하고. 그러다 결국 일이 터지면서 구속되었다. 자신은 구치소에 남고 조진언은 집행유예로 나가 있는 게 탐탁지 않다.

차동원 9세, 세영과 우식의 아들

S#	장면(Scene)을 의미하며 같은 장소, 같은 시간 내 이루어지는 행동, 대사가 한 신을 구성.
FB	플래시백. 회상 장면을 나타냄.
cut to.	가까운 공간 안에서의 각도 전환.
인서트	신 중간에 들어가는 삽입 장면.
몽타주	따로따로 편집된 장면을 짧게 끊어서 붙인 화면.
점프	점프컷. 연속성이 없는 두 장면들을 짧게 끊어서 붙인 화면.
(N)	내레이션을 뜻하며, 장면 밖에서 들려오는 목소리.
(E)	효과음(Effect)을 뜻하며, 등장인물은 보이지 않고 소리만 나는 경우 사용.
(F)	필터(Filter)의 약자로, 전화기 너머의 목소리를 표현할 때 사용.

1부

1. 프롤로그

/서울의 야경. 깜깜한 새벽이지만 강변북로와 올림픽도로에 차들이
보인다.
그 둘을 잇는 한강의 다리들 위에도 오고 가는 자동차.

/높은 건물들의 야경. 한 건물은 거의 대부분 조명이 들어와 있다.
건물 상단 부분에 보이는 [동운일보].

/동운일보 건물 연예부 사무실. 다른 부서에 두세 명의 기자들이 보
이고.
연예부 데스크에 홀로 앉아 있는 한 남자의 뒷모습.
그에게 가려진 모니터에는 기사 원고가 떠워져 있는 듯하다.
모니터 하단에 보이는 [제출] 클릭 포인트 위로, 마우스 커서가 왔다
갔다….
남자의 뒷모습 혼란스러워 보인다.

/깜깜하던 하늘에 여명이 밝아온다. 더 많은 자동차의 이동들.
연예부 사무실 안 남자, 이경도, 아직도 업로드하지 못하고 있는 뒷
모습.
잠시 깊은숨을 내뱉는 듯 보인다. 재킷 들고 벌떡 일어나 사무실을
나선다.
개운해 보이지 않는다.
모니터 보면, [제출] 포인트 위에 마우스 커서가 올려져 있다.

2.   동운일보 건물 전경 (아침)

직원들의 오고 가는 일상. 담배 들고 둘셋 이야기 나누며 나온다.
피곤한 얼굴들.
어린 여직원들, 커피 사 들고 들어가기도 하고.

경도 소리 (다 귀찮은 목소리) 퇴근을 안 한 사람한테, 출근 안 하냐고?
내가 밤새 열일한 거 보일 텐데. 업로드 클릭 딱 맞춰놓고 나왔잖아.
부장이 클릭만 하시면 된다고 전해라.

3.   해장국집 안 (아침)

텔레비전에 아침 뉴스가 나오고 있다.
운동화 꺾어 신은 발, 그 위로 구김이 있는 면바지, 그 위로 와이셔
츠, 그 위로 이경도(남 38세)의 얼굴.
아무것도 하고 싶지 않은 얼굴로 국밥을 휘저으며 통화 중이다.
꺼내놓은 지 좀 돼 보이는 새 소주병, 냉장 기운을 잃어가며 물방울
들이 흘러내린다.

경도 차장 새끼 조식 중이라 전하고.

냅킨을 뽑아 소주병의 물기를 쓱쓱 닦으며 뭔가 말할까 말까 망설이
다가.

경도 그… 뭐냐 (하… 씨…) 기사, 올라갔니?
(서글픈 고개를 끄덕끄덕) 그래.

전화를 끊는 경도. 밖을 멍하니 본다. 오고 가는 아침의 사람들.
씨발…. 착잡하다. 띠링 문자 소리. 틱 열어보면.

문자 인서트/
차장 안다혜 기사 업로드 마쳤습니다.

핸드폰 엎어두는 경도. 흠… 팔짱을 끼고 창밖만 본다.
소주병을 들고 뚜껑을 열어 빈 밥공기에 콸콸.

경도 소리   너 때문에 끊은 술을 니 덕분에 시작하는 매우 좋은 아침이다. 서지우.

경도, 깍두기를 아작아작… 부숴버릴 듯 씹는다.

4.   몽타주

/지하철 임산부 자리에 앉은 아저씨, 핸드폰으로 기사를 본다.
여배우 안다혜의 밀회 사진이 쭉 이어진다. 남자의 얼굴도 선명하다.
[마약 투약 안다혜의 위험한 밀회]

앵커 소리   자림어패럴 사위 조진언 씨가 영화배우 안다혜 씨와 불륜의혹이 불 거졌습니다. 이에 따라, 조 씨의 아내인 서지우 씨에게까지 시선이 몰리고 있습니다.

/복붙해나가는 기사들 차르르.
사람들의 손에 들린 휴대폰에 열려 있는 안다혜 밀회 기사들.
빠르게 올라가는 '놀랐어요' 이모티콘, 2천 개를 넘어간다.

여기자 소리   문제는 마약 투약 혐의인데요. 자림어패럴 측에서도 서지우 씨의 남 편인 조 씨의 마약 투약 혐의에는 민감하게 반응하며 사태를 지켜보 는 상황입니다.

/카페 음료 기다리며 휴대폰을 보는 사람들.

[자림어패럴 차녀 서지우 남편 조 씨 불륜, 마약은?]
이어지는 조진언의 여러 사진들이 붙은 기사들.

앵커 소리　안 씨가 마약을 투약했던 현장에 조진언 씨 또한 수차례 동석했던 것으로 밝혀져 경찰이 수사 중에 있습니다.

/동운일보 연예부 사무실. 업로드된 기사를 확인하며 달아 보이는 흑당 음료를 콸콸 마시는 댄디한 느낌의 김두진 기자(남 35세).

[자림어패럴 서지우 남편 조진언, 마약 투약 혐의 수사]

꼰대패널 소리　자림어패럴에서 첫째 사위보다 둘째인 조 씨가 더 인정을 받고 있거든요. 근데 왜 이런 상황을 만들었나, 자림 측에서도 어처구니가 없을 겁니다. 게다가 서지우, 자림의 차녀죠? 와이프 서지우 씨도 상당한 미모를 겸비하고 있는데 왜 굳이… 허허허. 서지우 씨 입장은 어떨지, 개인적으로 그게 제일 궁금합니다.

/청담동 [루새 / 자림어패럴] 매장 전경. 고급스러운 여성복 매장.
그 안으로 매장 오픈 준비 중인 직원들 보이고.
카메라 안으로 들어가면 매장의 여자 매니저가 매대에 서서 기사를 본다.
당차고 아름다운 여자, 서지우의 사진이 붙은 기사들이 이어진다.

[자림어패럴 차녀 서지우, 남편의 불륜에 침묵]
[자림어패럴 서지우, 결혼 생활 위기]

여기자 소리　한편 자림어패럴 차녀 서지우 씨는 이번 사건에 대한 어떤 입장도 내놓지 않고 있습니다.

지우의 사진들이 화면을 채운다.

5.　　해장국집 안 (오전)

경도　(팔짱을 끼고) 이쯤 되니까 있잖아, 뭔 놈의 인생이 그 정도인가 싶어? 아니, 걔는 왜 조용하게 살질 못하는 거냐고. 결혼을 해도 꼭 이딴 새끼랑.

소주가 든 밥그릇을 턱 잡는다. 다시 손을 떼고 깍두기 집어 먹는다.

경도　(깍두기 씹으며) 내가 우리 부장한테 지랄했거든, 이게 사회부 기사지 왜 연예부 기사냐, 어차피 그 새끼 장인 회사 자립어패럴까지 갈 거고.
　　　 이게 어딜 봐서 연예 기사야? 안 그래 누나?

카메라 반대편 보여준다.
박세영(여 40세), 예쁜 얼굴인데 삶에 좀 치인 푸석거림이 보인다.
차우식(남 40세), 잘생겼는데 여기도 허름해 보인다. 뭔가 아트 느낌 몸에 밴 그런 느낌.
이정민(남 40세), 부티 좀 나는 캐주얼한 차림.

세영　그걸 니가 몰라? 야, 잘나가는 여배우 걸고 나가야 파장이 크지.

우식　속상해서 그러잖아, 멀쩡한 놈이 그걸 모르겠냐.

세영　아는데 왜 물어 그럼.

정민　위로를 받고 싶은 거잖아, 난 최선을 다했다, 지우 인생에 먹칠한 건 나의 의지가 아니다.

우식　먹칠 한두 번 당한 애도 아니고.

세영　강단 있는 애고.

정민　강단 없는 이경도는 아침부터 술 따르고 있고.

경도　누나, 내가 서른에 술 끊은 거 알지?

정민　넌 왜 세영이한테만 물어봐? 그럼 우린 왜 불렀어?

우식　세영이가 젤 그래도 좀⋯ 사리 분별이 되고.

세영	니들 둘 셧업하고.

두 남자, 입 다문다.

세영	마실 거야?

경도, 밥그릇을 본다. 다들 조마조마 경도를 본다.

세영	(밥그릇 멀리 치우며) 경도야.
경도	(본다)
세영	쫄려?
경도	쫄려.
세영	내가 연락해봐?
경도	하지 마, 진짜 하지 마, 누나! 혹시라도 전화 오면 내 번호 절대, 알지?

울리는 경도의 핸드폰. 아씨 깜짝… 경도 놀란다.
셋은 아유 저 등신… 보고 있다.
경도, 핸드폰을 받는다.

경도	네. 네. 네.

자리에서 주섬주섬 일어나는 경도. 세 사람도 주섬주섬 일어난다.

정민	불러놓고 가냐?
경도	회사에서 들어오래.
정민	난 출장 가다 차 돌렸는데?
우식	국밥이나 먹자.
세영	선지 좋다.

경도, 계산대로 휘적휘적 간다.

6.   동운일보 연예부 사무실 안 (낮)

경도, 꾀죄죄한 모습으로 목을 돌리고 있다.
김두진이 오호… 희한한 것을 봤다는 듯 경도를 살피고 있다.
여러 기자들 가운데, 신입 티 나는 인턴 남보라(여 28세)는 모니터만
보며 자신의 일에 집중.
두진, 궁금함을 참지 못하고 경도 옆에 와 가만히 바라본다.

경도   왜.
두진   차장 조찬에 소주병이 등장했다는 제보가….
경도   그래서.
두진   저희랑은 맥주 한 잔 안 하시면서. 서운해요.
경도   소주병만 등장했다는 설은 없고?
두진   안 마실 걸 왜 시켜…. 아, 근데요.
경도   사적인 질문 하지 마.
두진   사우나 다녀오시죠? 아님, 샤워실이라도. 홀아비 냄새 나 가지구.

경도, 서랍을 틱 열더니 향수병 꺼낸다. 칙칙 뿌린다.
남 기자, 냄새가 섞이는 건 싫은지 살짝 인상 쓴다.

경도   자리로 가서서 당신의 기사에 달리는 놀라운 이모티콘 점평을 즐감해.
두진   안다혜 기사가 소주병을 등장시킨다고?

약 올리는 듯한 말을 흘리며 자리로 가다가,

두진   안다혜랑 사겼어요 선배?
       경도, 열받아 볼펜을 확 던진다. 두진이 피하며 나이스 캐치한 진한
       경(여 39세).
한경   첫사랑 못 잊는 놈 여럿 봤지만 18년 동안 쩔쩔매는 놈은 차장님밖
       에 없는 거 같다. 그죠 이경도 차장님.

경도	사연을 너무 만들어낸다.
한경	안다혜 걱정도 아니고, 내연남 걱정도 아니고.
경도	하지 마요 진짜.
한경	안다혜의, 내연남의, 와이프 걱정하느라. 세상 요란하게 소주병 퍼포먼스?

경도, 다 식은, 어쩌면 어제 것일 수 있는, 커피만 마신다.
기자들 뭐지? 이건 처음 듣는? 오씨… 다다다 검색하는 타이핑 소리.
남 기자, 이 부분에선 어랏? 반응 보이더니 검색.
서지우 얼굴이 연예부 모니터에 다다다.

경도	휴머니즘입니다…. (쩝)
두진	형, 서지우랑 사겼었어요?
경도	(마우스 들고) 차장 새끼야 차장!
두진	그니까요 차장, 서지우랑?
경도	마우스 입에 물어봤어?
한경	재갈을 물려도 손가락은 기사 쓰는 게 당신 할 일이에요 이 차장. (5만 원 책상에) 사우나 좀 가고.

경도, 배를 째라…. 회전의자만 빙그르르….

(시간 경과)
밤. 불이 환하게 켜진 사무실. 인턴 남 기자 같은 자세로 모니터만 집중하고 있다.
경도는 창밖을 바라보고 앉아 수심이 깊다.

경도	(창밖을 바라본 채) 인턴 퇴근 안 하냐.
남 기자	이제 할 건데요.
경도	(의자 돌려 책상 앞으로 향하며) 그래….

모니터에 서지우 검색한다. 이미지를 클릭하면 공식 석상의 지우 얼굴들이 보인다.
패션쇼에 초대되어 여유롭게 런웨이를 감상하는 빛나는 지우 얼굴 클릭.
사진 속 지우의 얼굴에서.

7. 2007. 주원대학교 캠퍼스 (낮)

자막 / 2007년 봄

고급 승용차에 기대서서 오고 가는 학생들을 따분하게 바라보는 지우(여 20세).
시간을 본다. 흠… 지루한 얼굴이다.
07년도의 핸드폰 벨소리 울린다. 지우, 받으면.

지우   어. (듣는다) 야… 한 시간이나 어디서 기다려.
사방이 그냥… 학곤데. 아 몰라…. 끝나면 전화해.

지우, 갑자기 할 일이 없다.
이때, 수더분한 차림의 경도(남 20세)가 보인다. 세상에 아무 관심 없어 보이는 얼굴로 걸어가다가 딸랑… 동전 몇 개가 떨어지는 소리 들린다.
경도의 바짓가랑이 사이로 흘러 도망간 동전들.
경도, 뭐지… 두리번. 바지 주머니에 손을 넣어보더니 아씨… 둘러보며 동전을 찾는다.
두 개는 찾았는데 하나는 없다.
동전 찾는 모습이 어리바리해 보인다. 심심한 지우는 그놈의 하는 짓을 두고 본다.
경도 친구가 지나가다가 경도에게 말을 건다.

친구	뭐 하냐?
경도	500원짜리가 사라졌어.
친구	빨랑 와 그냥….
경도	바나나우유 사 먹어야 된다고. 하필 500원짜리가 도망갔냐….

친구는 으유… 먼저 간다. 경도 한참을 찾다가 아이… 그냥 터덜터덜 간다.

지우, 경도가 헤매던 자리로 간다. 돌 사이에 숨어 있는 500원 동전 찾아 드는 지우.

보면, 작은 구멍이 뚫려 있는 500원 동전.

피식 웃는다. 고개 들어 경도를 찾으면, 경도가 인문대 매점으로 들어간다.

8.   2007. 주원대학교 인문대 매점 (낮)

꽤 넓다. 사이드로 책상들이 펼쳐져 있고 테이블마다 동아리 모집이 한창이다.

지우, 바나나우유 빨대 꽂아 마시며 어슬렁거린다.

세영 소리	거기.

지우 돌아보면 키도 크고 보이시한 세영(여 22세)이 팔짱을 끼고 앉아 있다.

지우	저요?
세영	동아리 정했나?
지우	동아리 안 할 건데요.
세영	오케이. 일단 일루 와서 앉아보지 그래.

지우, 무슨 동아린가 본다. [지리멸렬] 연극 동아리다.

지우	아… 연극 서클이구나.
세영	일단 여기 앉아보지 그래. 지리멸렬의 역사를 듣게 되면….
지우	저 연극 안 좋아하는데.
세영	실은 나도 그래.
지우	수고하세요.
세영	그럼 안 되지.
지우	네?
세영	5분만 여기 좀 앉아 있어주라.
지우	제가요?
세영	똥 마려워서 그래. 자리 비우면 곤란하거든. 잠깐만 지켜라.

지우, 이 여자가 너무 웃긴다.

세영	아 배야…. 야, 내가 싸면 너도 자유롭지 못해. 알지?
지우	저는 그냥 지나가는….

세영은 이미 일어나며 화장지 챙긴다. 지우, 얼결에 세영이 앉았던
자리에 앉는다.

세영	가입 신청서. 누가 오면 이거 줘. 아….

세영 달려간다. 지우, 참나… 시간도 남으니 그냥 부탁을 들어준다.
이때, 아까 그 어리바리남 경도가 뭔 동아린가 싶은지 다가와 주뼛
거린다.

경도	연극 동아리면… 연극 공연도 하나요?
지우	설마 신입생?
경도	어딜 봐서 설마라고 물어봅니까?

지우	거울 줄까?
경도	(미친) ….

그냥 가려고 하는데,

지우	쓰자.
경도	네?
지우	(가입 신청서 내민다)
경도	거울 보라면서요.
지우	노안이라 그랬지 못생겼다고는 안 했는데. 주인공 하기 딱 좋다.

경도, 기가 차다. 그러면서도 지우의 패기에 눌려 스윽 앉는다.
지우, 바나나우유를 일부러 더 쭉쭉 마신다. 침을 꼴깍 삼키는 경도.
지우, 빨랑 쓰라고 턱짓한다.
펜을 꺼내 얼결에 쓰고 있는 경도. 지우는 재밌어서 턱을 괴고 묻기
시작한다.

지우	이름이 이경도? 위도 경도할 때 경도?
경도	(수없이 들었다)

경도, 학과를 쓴다. 지우, 재미 붙었다.

지우	신방과? 피디 될 거야?
경도	여기 선배세요? 왜 말을….

이때 세영이 온다.

지우	(벌떡 일어나 자리 내주며) 제가 한 명 잡았어요.
세영	역시 미모인가. 나는 이틀을 앉아 있어도 꽝인데.
경도	미모요? 누가요?

지우	초면에 뭐 하는 거냐?
경도	초면에 그쪽이 말 놨잖아요. 정신 못 차리세요?
세영	야야야! 같은 신입생끼리 왜 데시벨을 높이고 그래~!
경도	신.입.생?
지우	내가 선배라고 한 적 있어?
경도	(생각) …없어.
지우	근데 왜 펄펄 뛰고 지랄이세요. (세영에게) 그럼 전 이만.

지우, 아무 일도 없었다는 듯 간다. 어처구니없는 경도와 상황 파악이 안 되는 세영.

세영	연락처 적어야지?
경도	저 새끼부터 잡고요!

경도, 지우를 잡으러 간다.

세영	그래. 힘내고!!

9.   2007. 주원대학교 인문대 앞 (낮)

지우, 자동차로 걸어가는데 전화가 온다.

지우	어 끝났어? 보충수업? (짜증) 수업을 뭘 그렇게 열심히 들어. 몰라. 나 그냥 간다.
	(사이) 압구정에서 봐 그럼.
경도 소리	야! 신입생!!

지우, 돌아본다. 경도를 보더니 흥미로워한다.
경도, 열이 잔뜩 받아 걸어온다. 지우, 피식….

지우	근데… 니네 학교 재밌다 야. 일단 끊어.

지우, 자동차 앞에 서서 경도를 본다. 마치 자기 차가 아닌 거처럼 군다.

경도	경우 없게 말을 막 하고 그랬으면 사과를 해야지.
지우	노안 맞잖아. 많이 들었을 텐데?
경도	(아니라고 말 못 한다) 난생처음이고. 또… 니가 뭔데 평가질이냐?
지우	보이는 대로 느낀 대로 표현했을 뿐인데 엄청 욱한다 너?
경도	세상 너무 자기중심적으로 사네…. 진심 그렇게 생각하냐?

지우, 따지는 경도가 귀엽다. 웃게 된다.

경도	웃어?
지우	심심한데… 술이나 마시러 갈래?
경도	삶에 개념 같은 거 없나?
지우	그니까. 술 한잔하면서 내가 개념이 없는 건지, 니가 노안인지 따져 보자고.
경도	지금은 대낮이고, 수업 들어가야 되거든?
지우	이렇게 착하게 산다고?
경도	학생이 학교에서 공부하는 건 착한 게 아니라 당연한 거야.
	(에이… 돌아서 가려는데)
지우	위도 경도 경도! 사이 좋게 지구본 하나 만들자!
경도	넌 이름이 뭔데 이 지랄이지?
지우	첫 잔 건배하고 민증 깔게. 설마… 술 약해?
경도	장난해? 빈 병 줄 세우면 니네 집까지 세울 수 있어.
지우	우리 집 부산인데?
경도	(헉…)
지우	뻥이야 멍청아. 가자, 내가 줄 세워볼게.

지우, 앞장서 간다.

경도   나 그런 학생 아니거든!!

그냥 돌아서 가면 되는데 어쩌자고 끌리듯 따라가는 경도.

10.   2007. 소주여행 (낮)

낮에는 점심을 파는 소줏집. 점심 먹는 학생들이 여럿 있다.
두어 테이블은 소주도 마시고 맥주도 마신다.
쏘야 안주로 첫 잔을 시작한 경도와 지우.
경도는 어색하고, 지우는 신나 하는 거 같다.

지우   건배.
경도   (안 하고 마신다)
지우   (피식… 한 잔 마시고) 나는 지우. 서지우.
경도   무슨 과야.

다시 술을 채우는 지우, 경도 잔도 채워준다.

지우   건배.

경도, 이번엔 건배해준다. 둘 다 잔을 비운다.

지우   영문학과. 너 3수 했니? 오빠라고 불러야 될 거 같은데.
경도   이게 중1 얼굴이야. 여기가 연고대야 3수 하게?
지우   아씨… 우리 엄마 같았어. 존나 짜증 나. 벌주 마셔.

물잔에 소주를 채우는 지우, 마시라고 눈짓.

지우	벅차냐?
경도	애 같아서 맞춰준다.

경도, 물잔의 소주를 다 마신다. 아우… 취한다.

(시간 경과)
꽉 찬 술집. 지우와 경도는 아직 마시고 있다.
경도는 맛이 간 거 같은데 겨우 눈 뜨고 있다. 지우도 취했다.
지우, 시간을 보더니 가방을 챙긴다.

경도	소용없어…. 스쿨버스 끊겼거든!
지우	우리 경도 새끼 집에 못 가네? 내가 같이 자줄까?
경도	(컥… 사레 심하게 걸려 기침을)
지우	설렜냐? 품!! (머리 헝클 듯 만져주며) 또 보자.

지우가 나가고 경도는 멍….

경도	똘아이 같은… 씨….

11.   2007. 주원대학교 정문 앞 (밤)

중형 세단이 서 있다. 지우가 달려와 탄다.

(자동차 안)
익숙한 듯 술 깨는 약을 내미는 김 기사 (남 50세).
야무지게 마시고 기분이 좋은 지우. 출발한다.

김 기사	술 좀 줄여.
지우	티 나요?

김 기사	니 술 냄새에 취해서 불면 음주 걸리겠어.
	차는 어떻게 했어?
지우	친구가 가져갔어요.
김 기사	여긴 갑자기 왜 온 거야…?
지우	하영이 알죠, 아저씨.
김 기사	아 그 미국에서 만난 친구?
지우	어. 그 친구. 걔가 여기 다녀요. 오랜만에 만나러 왔다가.

지우, 뒷자리에 누워 싱글벙글….

지우	(갑자기) 나 이 학교 재밌어. 나도 여기 다닐까?
김 기사	미국 학교는….
지우	(갑자기 시무룩) 몰라. 잘 거야.

지우, 심드렁 눈을 감는데, 이내 곧 웃음이 입가에 돈다.

12. 2007. 소주여행 앞 (밤)

오바이트하는 경도. 혼자 참 볼품없는데. 등을 두드리는 손.

경도	감사함… 어…!!
세영	가자.
경도	어디요.
세영	자취해?
경도	아니요.
세영	택시 탈 거?
경도	…아니요.
세영	그럼 더 마시는 거야. 가자!

세영에게 끌려간다. 연극 동아리 [지리멸렬] 회원 우식(남 22세)과
정민(남 22세)이 손을 흔든다.

13.   2007. 지리멸렬 동아리방 (아침)

세영, 우식, 정민이 널브러져 자고 있다.
그 사이에 다리가 엉켜 자고 있는 경도. 부스스 눈을 뜬다.
벌떡 일어나는 경도.
우식이 멱살을 잡아 다시 눕힌다. 망했다….

14.   2007. 주원대학교 남자 화장실 (아침)

세수를 하는 경도. 그 옆에서 세수하는 우식과 정민.

우식	(거울 속 자신에게) 집에 좀 가자 우식아.
정민	자취방 두고 왜 우린 동아리방에서 잘까?
우식	경도 혼자 재우냐 그럼? (경도 보며) 든든했지?
경도	(거울을 요리조리 보다가) 저 노안이에요?

우식과 정민, 뭐지 이 새끼….

우식	답 없다 너두.
정민	그니까 우리랑 있지.
우식	왜, 누가 너보고 노안이래?
정민	(호기심) 여자?
경도	네? 아니… (슬쩍) 저한테 관심 있는 걸까요?
정민	(야 이놈아…) 늙어 보인다고 했다며.
경도	네.

정민	넌 관심 있는 여자한테, 어머 늙어 보이세요~ 할 수 있어?
경도	아니요.

경도가 웃겨서 키득거리는 우식과 정민.
경도, 생각….

FB (S#10)/ 소주여행
지우 *내가 같이 자줄까?*
지우 *설렜냐? 풉!!*

경도, 생각하니 짱 받는다.

경도	이씨….

머리 대충 만지며 화장실을 나서는 경도.

15.   2007. 주원대학교 신방과 강의실 밖 (낮)

지우가 창을 통해 경도를 찾는다. 찾았다.
창 너머 경도는 부스스 뜬 머리를 한 채 바나나우유를 쪽쪽 빨아 먹고 있다.
그러면서 창밖 하늘을 바라보는 경도의 모습이 남다르다. 지우, 미소가 오른다.

16.   2007. 주원대학교 신방과 강의실 안 (낮)

교수를 기다리는 학생들. 앞문이 열리면 다들 주목하는데.
지우가 등장한다. 청초하고 예쁘다.

경도, 이쁘다, 했다가 순간 눈이 휘둥그레. 얼른 엎드려버린다.
지우, 둘러보더니 엎드려 있는 경도 앞으로 가 선다.

지우   해장했어?

경도, 찾았구나… 겨우 고개 든다.

경도   (과 동기들 눈치 보며 조용히) 꺼져라.
지우   가자.
경도   미친… 수업 시작한다고!
지우   그니까 지금 나가야지.

지우, 경도 가방 들고 나간다. 과 동기들 오~~~!
경도, 미치겠는 얼굴로 가방 찾으러 달려 나간다.

17.   2007. 분식집 (낮)

라면과 공깃밥을 시켜놓고 먹고 있는 경도와 지우.
경도, 아무리 생각해도 뭔가 말린 거 같다. 젓가락 내려놓고 지우를
빤히 본다.
지우, 눈을 반짝이며 경도를 본다. 방긋.

경도   도대체 나한테 왜 이래.
지우   또 보자고 했잖아.
경도   일방적이잖아. 뭐냐 너?
지우   어제 어디서 잤냐?
경도   (다시 라면을 먹는다) 남이사.
지우   우리가 남이냐?
경도   그럼 뭔데.

지우	같이 잘 뻔한 사이잖아.

밥 먹던 학생들이 일제히 본다. 얼굴 빨개지는 경도.

경도	돌았지 너.
지우	진짜 돈 거 같기도 하고. 니가 잘생겨 보이잖아.
경도	더 까불면 혼난다.
지우	존나 귀엽다 너.
경도	넌 욕 없으면 말을 못 해?
지우	어디서 잤냐고.
경도	동아리방에서 잤다!!! 생판 모르는 사람들이랑!! 너 땜에!
지우	너 지리멸렬 들어갔구나? 나도 가입해야겠네.
경도	오지 마. 확 탈퇴해버릴 거니까.
지우	오늘 몇 교시냐?
경도	니가 왜 궁금해해. 관심 끊어.
지우	술 마시자.

경도, 말을 말자… 밥을 말아서 먹는 경도. 신나 하는 지우.

지우	이따 다시 보자.
경도	꺼져라.
지우	개기지 말고. 수업 끝나면 5시? 6시? 암튼 동아리방에서 만나자!

지우, 라면값 테이블에 올려두고 일어나서 나간다.
경도, 뭔가 다 털린 기분이다.

18.   2007. 주원대학교 신방과 강의실 안 (낮)

경도, 강의를 듣고는 있는데 다리를 달달달… 플립폰을 꺼내 시간을 본다.
날아오는 무엇에 머리를 맞는 경도. 바닥에 떨어진 사탕.
보면, 교수님(남 30대 초반)이 경도를 보고 있다.

교수님　끝났어. 자식아, 사탕 먹고 집에나 가.

학생들 웃는다.
교수님, 책 들고 나간다. 학생들 기지개. 경도도 얼른 가방을 챙긴다.

19.　2007. 지리멸렬 동아리방 (낮)

경도가 숨이 차서 등장. 우식과 정민이가 반긴다.

우식　　열심이네. 이러면 우리가 부담이지.
정민　　술 정… 떼기 어렵지. 한잔할래?
경도　　아니요.
정민　　근데 왜 왔어.
경도　　어… 정붙이려고요.
우식　　아 너무 부담인데?

세영이 미대 앞치마를 하고 머리에 물감을 묻히고 등장한다.
들어오자마자 담배를 문다.

세영　　니 이름이 위도였으면 어땠을까.
우식　　(진지) 경도가 낫지.

세상 근엄한 얼굴로 라이터를 켜는데 벌써 기침하는 경도.

세영　　(담배 내려두며) 별일도 없는데 왜 와서 내 흡연을 방해하지?

경도	전 괜찮습니다. 편하게 피세요. (콜록…)
세영	이게 편한 분위기야? 가식적인 기침, 삼키는 게 어때.

고개를 끄덕이며 기침.

경도	근데요… 다른 선배님들은….
세영	우리 셋이면 충분할 텐데?
경도	네?
우식	(세영에게) 올해도 동아리방은 사수했다! (경도 목을 걸어 잡으며) 우리도 신입생 있다 이거지.
정민	사람이 죽으란 법은 없어, 그치? 방 뺄 타이밍에 신입생 딱!
세영	(거만) 누가 잡아 왔니.

경도, 겨우 목을 풀어내고. 아씨… 잘못 걸렸다 싶다.

경도	그러면 이게… 그니까 제가 탈퇴하면 동아리가 존폐 위기… 그런 건가…요?
정민	속 쓰리게 뭐 하러 물어.

경도, 망했구나… 싶다. 그런 와중에 시계를 본다. 많이 기다려진다.

20.   2007. 동아리동 밖 (밤)

지우가 지리멸렬 동아리방 안을 보고 있다.
환하게 불이 켜진 룸 안에 혼자 앉아 있는 경도.
책을 읽고 있는 거 같다. 자꾸 시간을 보는 경도가 보인다.
지우, 경도에게 가려고 하는데, 핸드폰이 울린다.
'엄마' 발신자 보는 순간, 주춤하는 지우. 망설이다가 받는다.

지우	어….
지우 모 소리	(차분하지만 차가운) 지우는 뭐 하고 다니는 거야 요즘?

지우, 엄마의 차분한 질문에도 겁을 먹는 듯 보인다.

지우	나 친구 만나느라….
지우 모 소리	너 이럴까 봐 뉴욕에 그냥 있으라고 한 거야.
	이렇게 허송세월 보내려고 들어왔어?
지우	…. 엄마.
지우 모 소리	알아서 할 거면. 제대로 알아서 해. 끊는다.

일방적인 통화. 지우, 하… 모든 게 자신 없어진다.
창 너머로 경도를 바라본다.
지우, 후… 발로 땅만 툭툭 찬다. 이내 돌아서 걸어간다.

21.   2007. 지리멸렬 동아리방 앞 (밤)

경도, 혼자 문을 잠그고 나온다. 지우는 오지 않았다.
Daniel Powter의 〈Bad Day〉 흘러나온다.

22.   2007. 주원대학교 캠퍼스 후미진 길 (밤)

음악 이어지며
경도가 걸어가다가 저만치 멍 때리고 앉아 이어폰 꽂고 있는 지우
발견.
욱해서 그냥 지나간다. 좀 가다가 멈추는 경도. 이씨… 다시 돌아가
지우 앞에 선다.
지우, 놀라서 눈이 번쩍! 지우가 먼저 이어폰을 뺀다. 음악 멈춘다.

경도	(이어폰 빼며) 뭐 하냐 여기서.

지금의 지우는 좀 약해 보인다. 뭔가 쫄아 있는 강아지 같다.

경도	뭐 하냐고. 어두운데.
지우	음악 듣는데.
경도	집에 안 가?
지우	갈 거야.
경도	일어나.
지우	먼저 가.
경도	센 척하더니 왜 이래? 약속 못 지켜서 미안하냐?

지우, 경도를 빤히 보다가 웃는다.

지우	나 기다렸냐?
경도	돌았냐 너 기다리게?
지우	근데 나 안 온 줄 어떻게 아냐?
경도	동아리 모임이 있었거든? 어쩔 수 없이 거기 있었어. 됐어?

조금 아쉬운 지우. 이어폰을 내민다.

경도	뭐.
지우	들어볼래? 내가 좋아하는 거.
경도	됐어. 안 갈 거면 나 먼저 간다.
지우	그래.

지우는 일어나지 않는다. 경도, 좀 가다가 다시 돌아온다.

경도	여기 어둡다고. 조금 있으면 막차 끊겨서 학생들도 없어.
지우	그래서.

경도	일어나. 위험해.
지우	나 챙겨주는 거야?
경도	너 애정 결핍이냐? 왜 이렇게 의미를 둬?

지우, 표정이 담담해지더니 고개를 숙인다. 눈물이 좀 고인다.
당황하는 경도.

경도	아니… 내 말은….
지우	(방긋) 연기 잘하지? 나 연극 동아리 딱이지?
경도	정신 좀 차려라…. 아 빨랑 일어나! 차 끊겨.

지우와 경도, 걸어간다.

지우	나 욕 잘하지?
경도	자랑이냐.
지우	세 보이지 않냐?
경도	모자라 보여.
지우	세 보이려고 연습한 건데. 존나 재수 없어 너.
경도	존나밖에 못 하면서.

걸어가다가,

경도	세 보이고 싶냐?
지우	응.
경도	예쁘장하게 생겨서 뭐 하러.

지우 걸음을 멈춘다. 경도, 왜 또… 돌아본다.

| 지우 | 고백했어! 너. |
| 경도 | 뭐?? |

지우	지금 나한테 사귀자고 고백했잖아.
경도	아니 뭐가? 도대체 어디가?
지우	예쁘다고 했잖아.
경도	정확히는 예쁘장하다고 했지, 예쁘다고 안 했고.
	욕하지 말라는 격려였거든?
지우	맘에도 없이 그런 말 막 하면, 개새끼야.

아휴… 말을 말자 막 걸어가는 경도.

지우	같이 가!
경도	차 놓치면 이틀 노숙자거든!

지우, 플립폰 열어 어딘가에 문자를 보내며 경도를 따라 종종 걸어
간다.

경도	빨랑 와! 문자 보낼 시간 없다고!
지우	(다 보냈다. 경도 손목을 잡고 달리기 시작) 뛰자!!

얼결에 지우에게 손목이 잡혀 함께 달리고 있는 경도.
좀 잡혀서 달리다가 경도가 손을 풀고 다시 지우의 손목을 잡고 달
린다.
지우, 손목 잡혀서 달리는데 기분이 좋다.

23.   2007. 스쿨버스 안 (밤)

맨 뒷자리에 앉아서 가는 경도와 지우.
지우, 슬쩍 뒤를 돌아본다. 지우네 자동차가 따라오고 있다.
지우, 바로 옆에 앉은 경도를 본다. 경도, 머쓱한지 고개를 돌리며 의
자 아래를 본다.

경도의 낡은 운동화와 지우의 좋아 보이는 운동화가 보인다.
경도 괜히 자신의 두 발을 뒤로 보내는 듯 숨긴다.
지우도 경도를 따라 두 발을 뒤로 보내며 달랑달랑….

지우 아까 무슨 노래 들었어?

경도, 자신의 이어폰 한쪽을 지우에게 꽂아준다. 플레이를 눌러주면,
성시경의 〈두 사람〉. 지우, 아~~ 이 노래, 안다. 그런데 오늘은 남다
른 느낌.
서서 가는 학생들 이리저리 휘청이고, 한 무리의 요란함이 있어도,
경도와 지우는 오롯하다.

24.   2007. 수원역 스쿨버스 정류장 (밤)

버스에서 내리는 학생들. 버스 뒤로 지우네 자동차 정차 중이다.

지우 지하철 타?
경도 넌?
지우 난 다시 버스.
경도 가라.
지우 너 핸드폰 있어?
경도 왜?
지우 핸드폰 번호 줘.

거절당할까 봐 입술만 자꾸 깨문다. 경도, 피식.

경도 핸드폰 줘봐.

지우, 얼른 내준다. 자신의 핸드폰 번호 입력하는 경도.

지우, 문자를 보낸다.
경도의 핸드폰이 울린다. 지우가 문자 보라는 시늉.
경도, 어색해하며 핸드폰에 온 메시지를 본다.

지우 소리   너 노안 아니야. 동안이야.

풉… 웃는 경도. 웃는 경도가 또 너무 좋은 지우.
그렇게 마주 서서 웃고 설레고 또 불안한 경도와 지우.

25.   현재. 경도 집 안 (밤)

방 둘, 거실 주방이 있는 작은 집. 독거남의 집답다.
티브이 하나, 2인용 소파, 식탁이 있다. 뭔가를 해 먹는 주방은 아니다.
문 여는 비밀번호 버튼 소리 들리고 경도가 들어온다.
집 안의 불을 켜고 소파에 앉는 경도. 피곤하다.
삐릭 핸드폰 알림 소리. 얼른 꺼내 보는 경도. 광고 문자다.
안심이 되면서도 영 찜찜한 경도. 양말을 벗어 던져놓고 소파에 그
대로 누워버린다.
울리는 전화. 아유… 귀찮다. 누워서 보면, '세영 누나'.
벌떡 일어나 앉는 경도.

경도   어 누나. 나 집. 그냥 있지…. 응. 잘 들어갔어?
아… (할 말을 해… 하다가 식겁) 안 돼~!!!!

벌떡 일어나 거실을 왔다 갔다.

경도   아니 걔는 나랑 뭔 얘길 해. 내가 낸 기사도 아니고 왜 그래.
얼굴도 가물가물하구만 나랑 무슨 상관이 있다고 그러냐고.
내가 이럴 줄 알았어. 아 씨 사회부로 넘겼어야 됐는데.

거의 속사포다. 숨만 색… 색….

경도   암튼 누나. 그건 아닌 거 같아. 누나도 그렇게 생각하지?
         응. 응. 어 누나 미안한데 잘 부탁해. 어. 어~!

         통화를 마친 경도는 두 손으로 핸드폰을 꼭 쥐고 있다.
         다리는 달달달.
         핸드폰의 전원을 끈다. 방으로 들어가며 주술을 건다.

경도   나는 아니지! 내가 뭘 죄가 있어! 난 아니지, 아니지!

26.   동운일보 연예부 사무실 안 (낮)

         경도 업무를 보고 있다. 사무실 전화가 울릴 때마다 업무 보던 눈빛
         얼음.

두진   네 동운일보 연예붑니다. (듣다가) 저희 부서 담당이 아닙니다.
         글쎄요 사회부 쪽이 아닐까요? 담당 부서로 연결해드릴게요.

         두진, 전화를 넘겨주고 다시 업무 본다.

두진   (갑자기) 차장 서지우 씨랑 언제 사겼어요?

         경도 매우 빡이 치는 얼굴로 무시. 남 기자 귀가 쫑긋하는 게 느껴진다.

두진   찾아오면 어떡해요? 몇 년 만에 만나시는 거지?
경도   야 김두진.
두진   차장 신입 기잘 때도 한 번 왔었다는 제보가 있어서.

근처에 있는 기자들이 어느새 경청 모드로 이 둘에게 집중.
이때 울리는 회사 전화. 경도 전화나 받으라는 눈빛.

두진   동운일보 연예붑니다. 네에. (눈빛 삭 바뀌며) 이경도 님이요?

경도, 두진을 본다.

두진   (오호…) 어떤 일로 찾으시는지. 아 지인분….

경도, 무조건 없다고 두 팔로 엑스를 마구!

두진   지금 자리에 안 계십니다.

경도, 출장! 출! 장!

두진   출장 가셨어요. 오시면 전해드릴게요. 성함이…?

띠링, 전화를 끊은 모양이다. 두진, 와 요고 재밌네….
경도 곁으로 슬렁슬렁 오더니

두진   (소근) 여자였어, 형.
경도   앉아.
두진   (소근) 딱 서지우 씨 연령대의 목소리랄까?
경도   가서 앉아.
두진   (소근) 알겠어요호~~~

경도, 아씨… 귀를 턴다.

27.   동운일보 휴게실 안 (낮)

커피를 내리는 경도. 문자가 들어온다. 모르는 번호.
열어보면, 시 한 구.

문자 인서트/
천 리 밖에서 나는 죽고 그대는 살아서

경도, 하…. 지우임을 안다. 곧 세영이에게 전화가 온다.

경도   괜찮아. 어쩔 수 없었겠지. 서지우가 누나 목을 딴다 했겠지.
        괜찮아.

경도, 구구절절 늘어놓는 세영의 이야기를 듣고 있다.

28.   동운일보 앞 (밤)

늦은 시각. 건물로 드나드는 사람이 적다.
경도가 늦은 퇴근을 하며 피곤한 얼굴로 나온다.
멍하게 걸어 나오다, 걸음을 멈춘다.
고급 세단이 있고, 서지우(여 38세)가 그 곁에 서 있다.
여전히 아름답고 단단해 보이는 지우.
경도를 빤히 보고 있다. 바람이 분다.
그 바람이 지우를 더 아름답게 만든다.
그렇게 서로 떨어져 바라보는 두 사람.

29.　　2007. 북카페 안 (밤)

[『추사의 서신』 발간 기념 북콘서트] 현수막 보인다.
조용한 음악이 흐르고 초대되어 온 사람들이 차분하게 기다린다.
그 사이에 경도와 지우가 앉아 있다. 지우는 어색하다.

지우　　(소근) 이게 콘서트라고.
경도　　(소근) 맞잖아. 북콘서트.
지우　　(소근) 지금이라도 늦지 않았어, 나가자, 응?

경도, 지우를 귀엽게 본다. 말없이 무대만 본다.
지우, 야… 조르는 얼굴이 귀엽다.
작은 무대에 저자(남 50대 초반)가 나오자 모두 박수 친다.
지우, 헐…. 망했다.

(점프)
저자와의 대화가 이어지고 있다. 경도는 매우 집중한 얼굴로 저자의
말에 귀 기울인다.
지우는 그런 경도를 감상 중이다. 이런 게 재밌다고…? 하는 얼굴이다.

저자　　추사는 서체로 유명하죠. 여러분도 한국사 시간에 한 번은 들어봤을
　　　　거예요. 추사는 꽤 많은 시를 남겼어요. 혹시 추사 김정희 시 한 수는
　　　　안다, 손!

경도, 갑자기 손을 번쩍 든다. 지우, 아 깜짝이야….

저자　　네.
경도　　「도망시」!
저자　　(기분 좋게 웃는다) 나오세요! 문화상품권 줘야겠어.

경도, 쑥스러워하면서 나간다. 그러나 신난 얼굴이다.
지우, 이젠 좀 경도가 남달라 보인다. 턱을 괴고 앞으로 나간 경도를
바라본다.
상품권을 받고 좋아하는 경도.

저자　　　「도망시」, 저도 그 시 좋아합니다. 그 시로 프러포즈 했거든요.

경도, 아 진짜? 해맑게 웃는다. 즐거워 보이는 경도를 즐겁게 바라보
는 지우.
지우의 시선이 점점 깊어진다.

30.　　2007. 지하철역 플랫폼 (밤)

지상 노선이 달리는 역. 벤치에 경도와 지우가 앉아 지하철을 기다
린다.

지우　　　책 좋아해?
경도　　　아니.
지우　　　국문과 학생 같더라?
경도　　　그냥 추사만 좋아해.
지우　　　왜?
경도　　　고등학교 때 문예지 만들었는데, 거기서 추사 시를 봤거든.
　　　　　선배가 넣으라고 해서 넣었는데… 좋드라.
지우　　　아까 그 시? 도망신가?
경도　　　응.
지우　　　외워?
경도　　　응.
지우　　　해봐.
경도　　　여기서?

지우	궁금해서 그래. 제목은 개그잖아. 「도망시」가 뭐냐?
경도	나도 그랬었는데. 제목이 웃겼어.
	근데 그 도망이 도망치는 도망이 아니더라? 추사는 아내를 엄청 사랑했어. 근데 아내가 먼저 죽었거든. 그때 지은 시야 그게.

지우, 물끄러미 경도를 본다. 갸웃하는 지우의 얼굴.

경도	누가 월하노인께 호소하여
	내세에는 부부가 서로 바꿔 태어나
	천 리 밖에서 나는 죽고 그대는 살아서
	나의 이 슬픈 마음을 그대도 알게 했으면.

경도, 또 시가 좋다. 지우는 어떤가 돌아보니, 지우가 울고 있다. 당황하는 경도.

경도	왜 울어…!!
지우	너무 슬프잖아….

경도, 이 시를 이해하는 지우가 반갑다. 지우를 잔잔하게 바라보는 경도.

지우	얼마나 보고 싶으면 그런 시를 쓸까?
경도	니가 마냥 똘아이는 아닌가 부다.

지우는 눈물을 닦고, 경도는 피식 웃는다. 두 사람 눈이 마주친다. 열차가 들어온다는 방송이 나온다. 처음으로 조용히 서로를 바라보는 지우와 경도.
두 사람의 시선이 오래도록 머문다.

31.   현재. 카페 밖 (밤)

동네 작은 평범한 카페.
경도와 지우가 마주 앉아 차를 마시는 모습.
둘 다 서로를 바라보지 않고 차를 마신다.

32.   카페 안 (밤)

그럭저럭 카페 분위기에 맞는 이름 모를 경음악이 들린다.
무슨 말부터 해야 하나 생각 중인 경도.
의자에 걸쳐져 있는 슈트 상의를 보고 웃음이 나는 지우.

경도   무섭게 왜 웃냐. 그냥 울어. 날 잡아먹든가.
지우   넌 배알도 없어? 진짜 한결같다.
경도   뭐가.
지우   우리 회사 브랜드를 입고 싶냐고.

경도, 아차… 별거 아닌 듯 슈트 상의를 대충 뒤집어 건다.

경도   너 잘 먹고 잘 살라고 팔아줬어.
지우   너까지 안 팔아줘도 잘 먹고, 잘 살아.
경도   그래. 그리고 그 뭐냐, 기사는.
지우   십 년 전에 사라져서 지금 나타났는데, 니가 하고 싶은 말은 기사 얘기야?

경도, 여러 가지 감정이 올라온다. 말을 아낀다.

경도   잘 못 지낸 건 알겠고. 건강은 어때.
지우   여전히 정신과 약에 찌들어 살아.

경도	(말문이 막힌다) 입 닫게 만드는 건 여전하다.

경도, 차를 마신다.

지우	맛있니?
경도	맛있어서 마셔? 어색하니까 마시지.
지우	떨려서 마시는 건 아니고? 맥주를 마시지 그래.
경도	아이 씨, (하…) 할 말을 해. 지우야.
지우	정말 해? 하고 싶은 말 해?
경도	어 해!
지우	(빤히 본다) 고도는 기다려도 안 오지만, 경도는 온다며.
경도	…!!
지우	혹시 기다리면 오려나. 기다린 적도 있어.
경도	야. 우리가 사회인이야 이제, 그치? 스무 살에 연극 그놈의 거, 뭐 하러 끌고 와.
지우	그놈의 연극. (서운한 마음이 조금) 쫄보 새끼….

지우, 약 오르니? 말간 얼굴로 경도를 본다.
경도, 쫄… 참나…. 기가 막혀 피식 웃음이 난다.

33.   2007. 주원대학교 캠퍼스 잔디 (낮)

경도의 다리를 베고 누워 놀고 있는 지우.
경도는 『고도를 기다리며』 책으로 햇빛을 가려준다. 팔이 아프다.

지우	연극 제목이 〈고도를 기다리며〉야?
경도	응.
지우	연극 좋아해?
경도	어… 아직은 잘 모르겠어.

지우	근데 왜 연극 동아리 들어갔어?

경도, 대답은 하지 않고, 어떤 생각을 하며 혼자 조금 웃는다.
살짝 팔 바꾸느라 햇빛이 들어오면,

정민 소리	안쓰러워 지나갈 수가 없네. 너 팔 열라 후들거려.

보면, 우식 정민 세영이 이들을 내려다본다.
인상을 쓰고 가만히 보는 지우.
경도는 일어나야 해서 지우의 머리를 살살 밀어내는데. 지우는 버틴다.
세영, 지우의 등장에 진실이 밝혀질 위기다. 어….
이제야 세영 알아보고 벌떡 일어나 웃는 지우.

지우	똥 언니 맞죠?

세영, 이런 미친….

정민	똥? 너 또 똥 사고 쳤냐?
세영	오해야. (지우에게) 넌 화장실 가면 똥만 싸니?
지우	아니요. 근데 그때 언니가 배 아프다고, 거기서 싸면 저도 자유롭지 못하다고 뛰어갔잖아요.
우식	똥이네.
정민	가만… 혹시 이경도를 가입시킨 사람이?
지우	(해맑) 네! 저요 저!

세영, 망했다. 우식과 정민이 저럴 줄 알았다 쯧쯧….

세영	야 이경도. 너 얘랑 그렇게 싸우더니 사귀냐?
경도	네….

우식	동아리방은 안 나오고 연애만 하신다.
	대본은, 다 외웠어?
지우	너 공연해? 주인공!
정민	주인공 할 얼굴은 아니지.
세영	됐고, 아 빨랑 가자. 술 식어.
우식	술이 왜 식어.
지우	술 마시러 가세요?

지우는 눈 반짝. 이건 아니라는 경도는 지우의 손을 잡으며 말리는데.
이미 지우는 따라나설 자세.

34.　　2007. 소주여행 (낮)

연극 동아리 선배들과 지우와 경도가 신나게 술을 마신다.
다들 많이 취했다.

세영	경도야.
경도	네.
세영	말 놓으라니까. 존대? 지랄, 다 가식이야.
우식	저노무 가식 타령은. 니가 가식이야!
지우	언니는 무슨 과예요?
세영	서양화. 근데 다 가식이야. 예술? 좆 까라 그래.
정민	귀 닫아. 그냥 다 욕이야 쟤는.
지우	언니 욕 찰져요! 저도 가르쳐주세요.
우식	경도야. 헤어져.
경도	마음은 착해요.
우식	봤어? 마음을 열어서 봤냐고.
경도	안 보여도 보여요.
세영	저 새끼도 열나 가식이야. 안 보이는데 보이는 게 말이야 똥이야.

우식	거봐. 넌 인생이 똥이야.
세영	아 씨 진짜. 인생이 똥이면 엿된 거잖아!!

지우는 웃겨서 깔깔 웃는다.
지우 핸드폰이 울린다. 김 기사다. 일어나기 싫다.

경도	가야 되지? 가자.
세영	어~~ 넌 어딜 가! 이제부터 시작인데.
경도	지우 가야 돼서요.
지우	선배님들은 안 가요?
정민	여기 다 자취파.
지우	자취요!! 나도 자취하고 싶다.
우식	안 돼. 저렇게 돼.
세영	내가 뭐 새끼야!!
정민	니들은 좀 그만 싸워~!!

지우 핸드폰이 또 울린다. 아쉬워하는 지우.

35.　　2007. 삼청동 저택 지우 방 (밤)

옷도 갈아입지 못한 채, 담담하게 바닥만 바라보고 있는 지우.
지우 모(여 47세), 한심하다는 눈빛으로 지우를 보고 있다.

지우 모	이러려고 휴학한다고 했어? 입학하자마자?
지우	(용기를 낸다) 엄마. 나 그 학교 그만 다니고 싶어.
지우 모	지우야…. 쫌!
지우	머리에 하나도 안 들어와. 서양 예술사, 관심도 없는데 뭘 공부해!
지우 모	좋아서 하니 학업을? 학위가 있어야지 뭐라도 학위가.
지우	엄마. 나… 여기서 대학 다닐래. 수능 준비할게. 어?

지우 모, 한심해 죽겠다는 얼굴로 지우를 본다.

지우 모   넌 왜 보란 듯이 살질 못해?

지우   (미칠 거 같다) ….

지우 모   부족한 게 뭐가 있어? 해달라는 거 다 해주는데 우울증이네 뭐네 약을 달고 살고 정말 왜… 어? 왜 이렇게 인생이 남루하니 넌…?

지우   (질려버린다. 허망하게 엄마를 바라본다)

지우 모   분위기 좀 맞춰 살자. 제발 지우야.

지우 모 차갑게 나가면, 지우 멍하게 서 있다.
기운이 다 빠진 지우, 서랍을 열어 깊이 둔 약통을 꺼낸다.
손바닥에 다 털어낸다.
입에 넣고 물을 마시려고 하는데.
눈물이 점점 차오른다. 이 악물고 눈물 흘리지 않는다.
약을 다 뱉어낸다. 지갑을 들고 나간다.

36.   2007. 삼청동 저택 길 (한밤)

지우가 지갑을 들고 달린다. 슬리퍼 신고 달린다.

37.   2007. 택시 안 (한밤)

곧 터질 거 같은 얼굴로 택시 뒷자리에 앉아 있는 지우.
핸드폰을 찾는다. 안 가지고 왔다. 어쩌지….

38.   2007. 주원대학교 정문 앞 공중전화 부스 (한밤)

지우가 쭈그리고 앉아 있다.
저만치 경도가 놀란 얼굴로 숨이 턱까지 차서 달려온다.
지우 경도를 발견한다. 벌떡 일어나 달린다.
무작정 경도에게 꼭 안기는 지우. 참았던 눈물을 펑펑 쏟는다.

경도   왜 그래. 무슨 일이야 어?
지우   나 한심하지…? 이 시간에 대책도 없이 오고… 한심하지 경도야.
경도   (머리를 쓰다듬으며, 등을 다독이며) 뭐가 한심해.
        나 보고 싶다고 달려와서 얼마나 좋은데.

        모든 설움이 다 녹는다. 경도를 더 꽉 껴안는다.

지우   나 너 좋아해.

        경도, 설레는 말을 서글프게 들었다. 지우를 떼어내 얼굴을 바라본다.

경도   내가… 왜 연극 동아리 들어온 줄 알아?

        FB (S#8)/ 인문대 매점
        지리멸렬 동아리 테이블에 바나나우유를 마시고 앉아 있는 지우를
        보는 경도.
        턱을 괴고 무심하게 앉아 우유만 쪽쪽 빨아 먹는 지우에 한동안 시
        선을 둔다.

경도   니가. 인문대 매점. 동아리 벤치에 앉아 있어서.
        뭐 하는 동아린 줄도 모르고 간 거야. 니가 있어서.

        지우, 경도의 말에 감동한다. 웃는 지우.

지우와 경도 키스한다.

39.　　현재. 카페 안 (밤)

경도는 빈 잔을 만지작거린다. 지우, 할 이야기를 시작한다.

지우　　나 영국 가.
경도　　(놀라서 본다)
지우　　니 덕분에 이제 자유야.
경도　　…?
지우　　기사 고맙다.
경도　　(환장…) 그냥 한 대 치라니까?
지우　　넌 참 사람을 안 믿어, 그때나 지금이나….
　　　　(빤히 보는데 점점 화가 나는 눈알) 고맙다고. 니 기사 덕분에 이혼
　　　　해서.
　　　　눈물 나게 고맙다고.

싱긋 웃는 지우. 와… 환장 터지는 경도. 서지우 이거 뭘까… 싶다.

40.　　카페 밖 (밤)

유리창 너머로 경도와 지우의 모습이 보인다.
그 모습이 찰칵, 찰칵… 누군가 그들의 모습을 촬영하고 있다.

41.　　카페 안 (밤)

지우　　다 내 유책이라는 거야. 처음부터 꿇고 들어가긴 했어도 좀.

경도	뭐가… 뭔 소리 하는 거야.
지우	내 결혼은 뭐랄까… M&A? 근데 우리 쪽이 불리했던 거지.
	내가 좀 시끄럽게 청춘을 보냈니. 받아주는 것만으로도 감사하다 그런 거.
	달고 사는 우울증 공황장애도 내 유책, 난임은 당연히 내 유책.
	아, 나 불임이라고 찌라시 돌았다며?

경도, 마음이 아파서 대꾸도 못 한다. 입술만 깨물고 풀고.

지우	사랑하는 사이도 아니니까 그 새끼 바람피우는 거 충격도 아니고.
	그래도 좀… 비참하다? 대놓고 그러니까.
	취하면 가끔 쌍욕 좀 듣고.
경도	아 씨발놈 진짜…!!!

경도, 미치겠다. 손이 부들부들.
진심으로 화를 내는 경도를 본다. 마음이 좀 이상하다.

지우	그러지 마. 마음이 노곤노곤… 그런다고. 정 붙어 그러지 마.
경도	정신 못 차려? 이 상황에도 툭툭 그렇게 내뱉을 거야?
	하나도 안 쎄 보여.
지우	(웃으며 끄덕끄덕) 이혼소송을 끈질기게 해왔는데.
	덕분에 이번엔 끝내게 됐어. 정말 고맙다고. 진심으로.

진심을 담은 지우의 담담함.
그 담담함에 미치겠는 경도.

경도	(재킷을 집는다) 잘된 일이라니까 됐다. 간다.

경도 일어나려는데.

지우	앉아라.
경도	뭐, 더 할 말 있어?
지우	이게 특종이 될런진 모르겠는데, 은혜 갚는 셈 치고 하나 주려고.
경도	됐어.
지우	왜 그렇게 질색팔색 지랄이야?
경도	너야말로 왜 지랄인데 진짜… 어?
지우	내 이혼 기사 니가 써.

경도, 아우 씨… 이 미친놈 진짜, 표정으로 욕하는 중이다.

지우	단독으로 너 줄게. 나 좀 있어 보이고 싶으니까, 오래전부터 이혼소송 중이었다, 꼭 넣고.

경도, 기가 찬다. 한참 창밖을 보다가.

경도	지우야.
지우	(눈 반짝)
경도	내가 니 남편 기사 컨펌하면서 밤잠을 설쳤어.
지우	걱정됐어?
경도	이렇게 마주 앉아서 개소리나 듣게 되는 건 아닌가.
지우	개소리?
경도	그래. 개소리. 미친 개소리, 이 잔인한 새끼야!!

열받아 버럭 하는 경도. 아무런 타격감 없는 맑은 얼굴의 지우.

경도	장례식 때나 보자. 니가 죽든, 내가 죽든.

경도, 재킷을 확 움켜잡고 카페를 나간다.
지우, 그런 경도를 본다. 타격감 없었던 얼굴이 조금씩 서러워진다.

42.　　카페 밖 (밤)

유리창 안으로 지우가 보인다. 유리창 밖으로 경도가 보인다.
지우는 차분하고, 경도는 감정이 올라 터질 거 같다.

엔딩.

43.　　에필로그. 2007. 주원대학교 신방과 강의실 안 (낮)

경도, 집에 가지 못한 초췌한 모습으로 멍 타고 있다.
과대표가 신나서 떠들어댄다.

과대표　　유교과 과팅 못 나오는 사람!

몇 명 손을 든다. 경도도 손을 들려고 하는데.

과대표　　(경도 팔 잡아 내리며) 잘생긴 새끼는 꼭 나오고. 또 못 나오는 사람~?

경도, 잘생겼지 뭐… 실실 웃는다. 이때, 강의실 문으로 지우가 들어
선다.
헉… 자세를 낮추는 경도. 하지만 지우는 경도를 보았다.

/학과 로비. 경도 지나가다가 과대와 친구들 마주친다.

과대표　　이번 주 토요일 3시다.
경도　　　나 못 가.
과대표　　학교 그만 다니고 싶니 잘생긴 새끼야?
경도　　　나 노안이라서 안 돼. 신방과 이미지 실추. 완전 노안.
과대표　　야!!! 니가 노안이면 어!!!

서로의 얼굴을 체크하는 친구들. 저 새끼….
경도, 손가락으로 엑스를 만들며 노안을 강조하며 도망간다.

2부

1.　　동운일보 건물 전경 (아침)

동운일보 오가는 사람들. 조용하고 평범한 전경 위로,

경도 소리　　몰랐습니다.

2.　　동운일보 회의실 안 (아침)

경도와 한경 마주 앉아 있다. 경도, 아무 타격감을 느끼지 못하는 태연함.
한경, 매우 열받은 얼굴이다.

한경　　아, 몰랐어요?

경도　　저기… 서지우 이혼 기사 나간 지가… 한 달도 넘었거든요.
　　　　왜 다시 언급이 되는 건지….

한경　　그러게. 서지우 이혼 기사가 한 달 전에….
　　　　길 건너 조경일보 연예부에서 그치?

경도　　네.

한경　　그때 그 기사도 오늘처럼 터지진 않았거든요.
　　　　혹시 뭐 (모니터 툭툭 치며) 여기서 스카우트 제의받았니?

경도　　네에? 그럴 리가요.

한경　　근데 왜 여기 조회 수를 이렇게 폭발적으로 만들어준 걸까?
　　　　동운일보 연예부 이경도 차장이?

경도　　저랑 무관한 기사고요.

한경　　무관? 무과안!! 야!!!!

한경, 탭을 돌려 보여주면, 경도와 지우가 찻집에 앉아 있는 샷이 보인다.
[그녀의 이혼, 다른 이유 있었나] 헤드라인 보인다.

한경   이 카페, 요 앞에 그치? 너 나한테 개 욕 처먹고 기자 하네 마네… 거기잖아, 여기.

경도   ….

한경   모자이크를 해도 너잖아. 우린 알잖아. 그치 이경도?

경도   이름 부르지 마시고.

한경   그래… 이 차장. 이 차장 이 씨 (…아오…) 그래요. 이 차장.
        (룸 밖 사무실 가리키며) 저 밖을 봐. 후배들 특종 찾는다고 저렇게 쎄가 빠지게, 그치? 그런데 그 차장 개, 쌍, 우라질, 하….
        차장 새끼는 타 매체에 직접 기삿거리가 돼주시고, 조회 수를 아주 어?

경도   제 기산 아니죠. 서지우 기사죠.

한경   말장난이 나와?

경도   (분위기 파악하며) 죄송합니다.

한경   이 사진 찍힌 날, 진짜, 진~짜 이혼 얘기 못 들었다고?

경도   네.

한경   쥐 터지고 싶어? 진지해 나 지금.

경도   진지하게… 몰랐습니다.

경도, 차분하게 방어 중이다. 한경, 벌떡 일어나 나가며.

한경   시간 나면 나 짐 싸는 거 도와줘라 이 자식아!

회의실을 박차고 나가는 한경, 경도 어? 당황하며 따라 나간다.

3.　　　동운일보 연예부 사무실 안 (낮)

한경, 박스를 올려두고 사무용품과 명패를 박스에 마구 넣는다.
두진과 기자들 쫄아서 멍… 경도, 아이… 어쩔 줄 몰라 하며 곁에 서
있다.

경도　　　뭐 하시는 거예요…!!
한경　　　퇴사 짐 싸는 중이고. 안 바쁘면 캐비닛 짐은 니가 싸주든가.
경도　　　아 왜 퍼포먼스를 하고 그럽니까…!
한경　　　퍼포먼스? 야, 지금 사태가 장난인 줄 알아?
　　　　　나 책상 빼게 생겼다고 니 덕분에!
　　　　　넌 시카고 연수 가고, 난 집에 가고.
　　　　　이런 빡치는 경우를 어떻게 생각하니?

경도, 입이 마른다. 한경, 무지막지 짐을 싸고 있다.

4.　　　자림어패럴 대표실 안 (낮)

서지연(여 41세)이 책상에 앉아 노트북으로 지우의 기사를 보고 있다.

지연　　　돈을 그렇게 받아 가고는…. 사진이 이게… 서지우 미모 다 가리고
　　　　　쯧….

그래도 만족하는지 흐뭇해한다. 노크 소리 들리고 강민우(남 44세)
들어와 소파에 앉는다.

강민우　　처제 기사 정리해야 되는 거 아니야?
지연　　　(강민우 보며) 뭐 하러? 회사랑 무슨 상관이야.
강민우　　그 남잔 누구야?

지연	(흠… 팔짱을 끼고 본다) 왜?
강민우	아니, 힘들게 이혼하고 바로 구설수잖아. 회사랑 무관하진 않잖아, 솔직히.
지연	회사랑 무슨 상관인데.
강민우	봐봐, 처제 대마초 하는 애들이랑 클럽에서 사진 찍혔을 때, 그때 회사 이미지 힘들었어. 알잖아.
지연	지우는 대마초 안 했잖아.
강민우	지연아, 세상 사람들이 팩트가 중요해?
지연	그것보다….

지연, 일어나 강민우 앞으로 와 마주 앉는다. 강민우 조금 주춤한다.

지연	제부 말이야, 아니 이혼했으니까, 그 인간 제보 말이야. 당신이 한 거 알아.
강민우	(애써 차분하게) 내가??
지연	(속내를 감춘다) 당신도 지우 사는 거 보면서 마음이 쓰였나 봐?
강민우	(거북함) 무슨 말 하는 거야.

강민우, 당황함을 숨긴다. 그래도 긴장.

지연	내가 잘못 들었나? (미소) 아무튼 지우는 덕분에 정리 잘 됐어.
강민우	(발을 뺀다) 이러면… 안다혜 덕분이라고 해야 되나?

지연, 긍정도 부정도 아닌 세련된 미소.

5.   지우 집 주방 (낮)

넓은 집이다. 심플한 인테리어, 크고 깔끔한 식탁.
지연은 라면을 먹고 있고, 지우는 바라볼 뿐.

지우	점심도 못 먹었어?
지연	니 형부가 밥 먹자 그래서 안 먹었어.
지우	그렇게 사이가 안 좋으면 나처럼 갈라서든가.
지연	둘 다 그럼 좀 그렇잖아. (지우 보며) 우린 둘 다 남편 복은 없어?

지연의 핸드폰이 울린다. 엄마다.

6.   지우 모 집 거실 (낮)

안절부절못하는 지우 모 장현경(여 65세), 세련된 차림이다.

지우 모	애는 조용할 날이 없어. 사진 찍힌 그 남잔 뭐라니?

7.   지우 집 주방 (낮)

지연	엄마는 지우가 나이가 몇인데 만나는 사람 일일이 설명을 해…. 별일 아니니까 운동 가세요. 지우한테 전화하지 마시고.

통화 마치고 물을 마시는 지연. 지우, 안 들어도 뻔히 안다.

지우	내가 연예인도 아니고, 그딴 사진은 왜 찍어대는 걸까? 할 일 더럽게 없어.

지연, 주춤.

지연	서지우 정도면 셀럽이지. 뭐만 입고 나가면 얼마짜리다 어디 거다. 너 앰버서더 해야 돼.
지우	내가 얼른 떠야지. 정신 사나워 정말.

지연	영국으로 도망간다고 조용해지니? 이렇게 뜨면 더 이상해 너.
지우	만신창이가 됐는데 더 이상할 게 뭐 있어.
지연	이혼이 만신창이는 아니지.
지우	그럼 언닌 왜 이혼 안 하는데.
지연	자매 둘 다 이혼은 데미지 있지. 내가 양보한 거야.

지우, 말을 말자 웃고 만다.

지연	그 남잔 뭐래? 사진에 있는 남자, 경돈가?
지우	뭘 뭐래. 재수 똥 밟았다! 하고 있겠지.
지연	왜 만났는데.
지우	그냥 만났어. 기사 나간 것도 그렇고 뭐….
지연	야, 경도 씨는 신상 다 털렸던데, 너만 도망가면 좀 그렇지 않아?
지우	걘 타격 없을걸? 장례식 때나 만나자드라.
	(생각하다가) 그럼 먼저 향 꽂는 인간이 지는 거야 이기는 거야…?
지연	니들은 진짜 나이를 먹어도 살벌하다.
지우	철도 안 드는 새끼….
지연	(짬을 보다가) 영국은 뭐 하러 갈라 그래. 이혼도 했겠다, 그냥 여기서 나랑 운동 다니고. 여행도 가고…. 회사 일도 배우고.
지우	회사에 앉혀놓을까 봐 가는 거야. 다 피곤해 그냥….
지연	가도 상황 좀 보다가 가야지, 이경도는 무슨 죄냐.
	총각으로 늙어 죽을 수도 있어. 너 때문에.
지우	아 왜 그래? 다 먹었음 가.

영 먹히지 않는 지우. 지연, 흠… 마음이 무겁다.

8. 동운일보 로비 (낮)

경도와 두진이 나서고 있다. 주위 사람들이 경도를 본다.

경도, 시선들이 부담스럽다.

두진   인싸네, 인싸. 어? 졸지에 동운일보 셀럽이 되셨어.
경도   내가 커피 사면 닥칠 수 있겠어?
두진   네.

앞에서 경제부 마 기자(남 38세)가 슬렁슬렁 재밌어 죽겠다는 웃음
으로 다가온다.
경도, 얼른 못 본 척 두진 끌고 턴하는데.

마 기자   결혼하니!
경도   (이 꽉 다물고) 아 저 새끼….

다시 돌아 마 기자를 본다. 어쩌라고… 경도, 두진, 마 기자.

마 기자   (소근) 솔직하자, 경도야. 서지우도 시카고로 가는 거냐?
           너 시카고대학 연수 그거, 다 거시기한 거지?
경도   헛소리하지 말고 경제나 살펴.
마 기자   자림어패럴의 앞날이 궁금해서 그러잖아.
두진   경제부 기자로서 궁금할 수 있지.

경도, 두진을 확 노려본다.

마 기자   야 그럼 니가… 두진이랑 이렇게 판을 짠 거?
           서지우 이혼부터 시키/

마 기자 정강이를 사정없이 차버리는 경도. 마 기자 악….

경도   돈이나 갚어 새끼야.
마 기자   아 아파…. 개새… 아 열나 아파….

경도 가던 길 간다. 두진 종종 따라간다.

두진   왜 친구한테 분풀이를 해. 스스로를 돌아봐야지.
          땡잡은 거냐, 똥 밟은 거냐, 한 끗/
경도   내가 기사 써? 김두진 기자 걸그룹 A 양과 열애?
두진   커피 제가 삽니다. 선배님. (소근) 지난주에 헤어졌어요.

경도, 관심도 없다. 그저 사람들 시선이 매우, 매우 불편하다.

9.   아파트 복도 (밤)

백을 크로스로 멘 채 두 손에 세탁물을 들고 걷는 경도.
경도 모(여 63세), 세탁물을 들고 앞서 걷고 있다.

경도 모   누가 그러긴 누가 그래, 이 집사가 그러지. 그 양반이 나팔수야.
          모르는 게 없어. 알면 혼자 지니질 않아. 그저 여기저기.
경도   그냥 친구야 옛날 친구.
경도 모   좋다 말았네.
경도   뭐가 좋다 말아.

경도 모, 한 세대 앞에 선다. 초인종을 누른다. 세탁이요! 한다.
곧 문이 열리고 세탁물을 가지고 들어가는 여자.

경도 모   만이천 원이요.
여자   내일 출근하면서 드릴게요. 지금 애 밥 차리느라.
경도 모   그래요 그래요. 들어가세요~!

경도 모 뒤에 착실하게 서 있는 경도. 엄마가 이동하자 따라서 이동.

경도 모	큰 회사 딸이라며. 부잣집에 장가드나 했지.
경도	엄만 교회 집사님이 왜케 물욕이 많아…?
경도 모	내가 물욕이 많아서 권사가 못 되고 있어. 주여….

경도, 엄마의 허물없음에 웃음이 난다.

경도 모	알아서 하겠지만, 기도 제목 늘리지 마라. 엄마 바빠.
경도	별일 아니야. 우리 회사에서 그 친구 기사를 내 가지고, 화나서 온 거야. 걱정하지 마셔.

경도 모, 경도 손에 든 세탁물 받아서 또 초인종을 누른다.
경도, 그런 엄마를 본다. 영 찝찝하다.

10.   공원 (밤)

운동복 차림으로 미친 듯이 달리기하는 경도.
심장이 터질 거 같다. 결국, 다리 꼬여서 넘어질 뻔. 헉헉거리며 땅에
주저앉는다.

경도	헉… 헉… 서지우 씨… 아 나 증말…. 헉… 헉…. 야 이 개쌍 서지우~!!!!!

사자후를 외치는 경도. 몇몇 어르신들 미친놈… 본다.
경도, 분이 안 풀린다. 다시 일어나려는데 다리에 쥐 났다.

경도	아아아아…. 아~!!! 아 씨 내 다리, 아… 아~!!! 악!!!

아무도 돕지 않는다.

11.   나무미술학원 전경 (밤)

다세대 주택 1층을 개조한 상가. 미술학원.
위층엔 살림집들이 있다. 불 켜져 있는 학원.

12.   나무미술학원 안 (밤)

운동복 차림 그대로 음료수를 벌컥벌컥 마시는 경도.
세영과 우식이 짠하게 바라보고 있다.

우식   너 미국 가잖아. 시카고 연수 간다며 뭐 하러 신경 써.
경도   가더라도. 이렇게는 안 돼. 이 꼬리표가 평생 따라다닐 거라고.
         회사 분위기도 안 좋아. 다 나 보고 수군거리는 거 같고, 암튼 기분
         안 좋아.
세영   당분간이지. 누가 너한테 신경 쓴다고 그래.
경도   우리 엄마 사회생활에도 스크래치야. 엄마 또 놀래셨다고. 나 또 술
         먹고 어?
         암튼… 지우 그 인간이야말로 영국인가 어딘가, 뜨면 그만이지. 난
         뭐냐고. 조용히 사는 소시민이잖아.
세영   그래서. 뭐 어쩔 건데.
경도   내가, 생각을 해봤거든?

세영과 우식 집중한다.

13.   카페 (낮)

단아하게 차려입은 지우. 그 앞에 대충 입은 세영.
지우는 뭔 개소린가… 뚱하게 듣고 있다.

세영	썩 나쁜 생각은 아닌 거 같기도 하고. 그치?
지우	내가 왜 그래야 되는데?
세영	야, 그냥 오랜만에 친목회? 그런 거 한다고 생각하는 거지.
	다 같이 만나서 차 한잔하고, 인증샷 하나 올려주면….
	경도 입장도 좀 난처한 거 같기도 하고….
지우	아니 나는 웃긴 게. 이런 얘길 왜 언니가 와서 해?
세영	어?
지우	아쉬운 건 지면서, 왜 언닐 시키냐고.
세영	어…. 미안해서?
지우	쪽팔려서겠지. 그 새끼 나보고 뭐라 그랬는 줄 알아?

FB (1부 S#41) / 카페 안.
경도 *장례식 때나 보자. 니가 죽든, 내가 죽든.*

앗… 세영도 쉴드 칠 대사가 없다. 쩝….

지우	그렇게 큰 소릴 쳐놓고 지가 무슨 낯짝으로 오겠어.
	하여튼 그 인간은 한 치 앞을 못 봐.
세영	경도가 이제…. 왜 그랬지.
지우	앞장서.
세영	어딜.
지우	경도 이 새끼 어딨어? 회사?
세영	주말인데….

14.   경도 집 거실 (낮)

현관. 목 늘어지고 빛바랜 오렌지색 티셔츠를 입고 멍… 서 있는 경도.
세영, 그리고 그 뒤로 뻣뻣하게 고개 들고 서 있는 지우.

세영	직접 상의하는 게 좋을 거 같아서 경도야.

경도, 멍…. 입도 마른다.

지우	들어오란 말 안 하니?
세영	근데 난 가봐야 되거든…?
경도	(다급) 누나!
지우	언니 또 봐.
경도	아니야 누나!
지우	(힐 벗고 들어서며) 아니긴 뭐가 아니야.
세영	좋은 대화! 희망찬 결론! 안녕! 어 그래!

서둘러 나가는 세영. 경도, 현관문 손잡이 잡고 하….
지우는 거실을 휭 돌아본다. 그리고 경도를 본다.

경도	(당황하여) 아니 누나는 말도 안 하고 내 집에 사람을 막….
지우	(소파에 척 앉으며) 웃기고 있네.
경도	넌 웃겨 이게?
지우	너 너무 이기적이지 않니?
경도	뭐… 뭐가!
지우	니가 먼저잖아. 남의 집에 말도 안 하고 사람을 막 데리고 들어간 거.

경도, 뭐라는 거야… 바라보면.

15.   2007. 세영 자취집 앞 (한밤)

경도와 지우 손잡고 걸어온다.

경도	그래도 지갑은 들고 나와서 다행이다. 택시비 엄청 나왔지?

지우	어? 모아둔 비상금 있었어.
경도	전화했으면 내가 서울로 갔을 텐데….
지우	택시 타고? 모아둔 비상금 있어?
경도	(주춤) 아니 뭐… 형들한테 빌리면 되지.

지우, 귀여운 경도의 표정을 보고는 팔짱을 낀다. 좋다.
경도, 대문 앞에 선다.

지우	여기가 어디야?
경도	세영 누나 자취방.
지우	난 여기서 자?
경도	형들도 다 여기서 자고 있어. 걱정하지 마.
지우	오빠들도??
경도	(쉬…!!!)

지우, 손을 잡고 대문을 살살 열고 들어간다.

16.   2007. 세영 자취방 안 (한밤)

세영과 우식과 정민이 각 모서리에 처박혀 자고 있다.
경도가 지우 손을 잡고 살금살금 어두움 속에서 자리를 잡는다.
가운데 마주 보고 누워 눈을 맞추는 지우와 경도.
소곤소곤….

| 지우 | 문자 좀 보내자. |

핸드폰을 준다. 지우, 조용히 문자를 보낸다. 다시 돌려준다.

| 경도 | 누군데? |

| 지우 | 삼촌. |

자는 줄 알았던 이들의 소리.

우식	자라.
경도	네….
정민	지우 안녕?
지우	안녕하세요….
세영	안녕하겠냐. 무지 가식이야 니들…. (하품)

또 웃음이 터지는 지우와 경도.

17.   2007. 세영 자취집 전경 (아침)

18.   2007. 세영 자취방 안 (아침)

방바닥에 동그랗게 모여 있는 컵라면 다섯 개.
그리고 둘러앉은 경도, 지우, 세영, 우식, 정민.
모두 부스스한 얼굴이다. 지우만 눈이 반짝인다.

지우	근데요, 오빠들도 자취하지 않아요?
우식, 정민	해.
지우	근데 왜 언니네 집에서 자요?
세영	내가 하고 싶은 질문이다.
우식	해장이 준비되지 않았다.
지우	정민이 오빠는요?
정민	우식이랑 같은 집에 산다.
지우	아….

세영	니들까지 들러붙었어. 컵라면 채워놔.
지우	잘 먹겠습니다….
우식	집에 간다더니, 왜 다시 왔냐?
세영	사랑이지 멍청한 놈아.
우식	아 씨 아침부터 욕먹었어.
세영	김치 대신이라고 생각하고 처먹어.
우식	멍청한 놈이란 욕이 김치냐?

이들의 설전이 이젠 익숙한 경도와 지우.
지우는 경도와 눈이 마주치자 마냥 행복해 웃는다.

19.　2007. 주원대학교 앞 카페 안 (아침)

김 기사가 쇼핑백을 옆에 두고 있다. 지우는 뚱한 얼굴.

김 기사	사모님 알면 난리 날 텐데 외박을 해….
지우	아직 조용한 거 보면 아저씨가 막았나 부죠.
김 기사	내가 운전보다 서지우 케어하는 게 더 힘들어.
	(쇼핑백 가리키며) 옷이라도 갈아입고. 외박한 티 내지 말고.
지우	몰라. 다 짜증 나요. 난 주소 잘못 받아 태어난 거 같아.
김 기사	그런 소리 하면 못쓴다. 사모님이야 좀 냉랭한 성격이시라 그런 거 고…. 회장님은 지우 얼마나 애지중지하셔.
지우	그럼 뭐 해요. 뉴욕에 유배나 보내고.
김 기사	유학이지 왜 유배야….
지우	난 유배 간 거 같아.

김 기사, 지우를 안쓰럽게 바라본다.

| 김 기사 | 너 계속 거짓말하고 다니는 거야? 여기 학생도 아니고, 자림어패럴 |

	딸인 거… 아무도 몰라?
지우	아저씨, 친구들이 나 자림어패럴 딸인 거 알잖아? 그럼 그때부터 나를 서지우가 아니라 자림어패럴 딸이라고 소개해. 그런 거 싫어.
김 기사	진짜 친구면, 친구 됐으면, 말해줘…. 나중에 알면 오해 사.

지우, 발만 툭툭… 마음이 괴롭다.

| 지우 | 타이밍을 놓쳤어요. 이제 말하려니까… 좀 그래. |

지우, 답답하다. 얼굴이 더 어두워진다.

김 기사	아저씨가 일급 정보를 하나 가지고 있거든. 기분 풀면 말해주고.
지우	관심 없는데.
김 기사	그럴 리가 없을 건데?
지우	(호기심에 눈이 동글…)
김 기사	이걸 공짜로 넘겨 말어?
지우	아 뭔데요!!!
김 기사	회장님이랑 사모님이랑 다음 주부터 여행 가.
지우	그게 뭘…. (실망)
김 기사	크루즈. 유럽 6개국. 4주.

지우, 점점 입가가 올라간다.
너무 좋아서 벌떡 일어나 김 기사 목을 끌어안고 어쩔 줄 모른다.

20. 2007. 지리멸렬 동아리방 (낮)

명하게 앉아 있는 트리오 세영, 우식, 정민.
더 놀라서 입이 벌어져 있는 경도.
해맑은 얼굴로 그들에게 브리핑 중인 지우.

지우	고도를 기다리며! 연극 연습은 잘하고 있나요?
세영	차우식만 잘하면 문제없지.
우식	대사는 니가 더 꼬여.
지우	(진지) 아무래도 매니저가 필요한 거 같아요.
우식	딱히.
지우	(닥치라고 단호) 필요해요.
정민	어떤 케어를 받나?
지우	음… 물도 사다 놓고. 어… 간식도 준비하고?
세영	담배도 사다 주나?
우식	넌 예쁜 후배한테 담배 심부름시키고 싶냐?
세영	혹시… 어? 혹시나 맹연습 중에 담배가 떨어지면. 어!!
지우	보루로 사다 놓겠습니다!
세영	(박수 짝! 짝!)
지우	감사합니다. 앞으로 저는! 여러분들이 연극 연습에 매진할 수 있도록 최선을 다하겠습니다!
경도	굳이….
지우	시끄러. 그래서 저는 앞으로 4주 동안! 여러분들을 집중 케어할 거고! 그럼 여러분은 저에게 숙소를 제공해주셔야 합니다!
경도	아니… 무슨 숙소까지…. 집에 안 가니?
정민	우리 숙소도 안정치가 않아. 월세 밀렸다고.
지우	전 세영 언니 방으로 가겠습니다!
세영	그건 별룬데.
지우	경도도 연습해야 하는데 오고 가고 집중력 떨어지니 오빠들이 숙소를 제공해야 돼요.
우식	지우야. 경도는 대사 두 줄이야.
지우	중요한 대사잖아요.
세영	상당히 중요하지. 본질이야.
지우	거봐요. 가식 아니라잖아요. 처음으로.
세영	(맘에 들었다) 우리 집 열쇠. 복사해.

키를 빼 주는 세영. 경도도 형들에게 손을 내민다.

21. 2007. 경도 집 거실 (낮)

빵빵한 등산 백팩. 엄마(여 45세), 아빠(남 47세)가 나란히 서서 본다.

경도 모   뭔 대단한 걸 한다고 4주나 합숙을 해?
          아빠랑 나랑 둘이서 그 긴 시간을 뭐 하라고 아들.
경도   군대 보냈다 생각해. 체험 체험. 미리 체험하는 거지.
경도 부   그냥 군대를 가는 건 어때.
경도   아 정말… 아빠 퉤퉤퉤 해! 지금 군대 가면 큰나!!
경도 부   퉤퉤퉤.
경도   두 분 다 싸우지 말고!

뒤도 안 돌아보고 나가는 경도.

경도 모   저거 왜 신났어 여보?
경도 부   학업에 매진하겠다잖아. 믿어야지, 수 있어?

갸웃 이상한 경도 모.

22. 2007. 주원대학교 운동장 (한밤)

지우와 경도가 스탠드에 앉아 소주를 마시고 있다.

지우   〈고도를 기다리며〉… 너랑 인연인가? 경도를 기다리며 같잖아.
경도   그러네? 호호.
지우   두 주인공이 50년이나 고도를 기다린다잖아.

경도	(대사를 한다) 고도 씨가 오늘 밤엔 못 오고 내일은 꼭 오겠다고 전하랬어요.
지우	(피식… 그러나 쓸쓸) 고도는 오지 않아도… 넌 올 거야?
경도	난 어디 안 갈 건데? 서지우 옆에 꼭 붙어 있을 건데?
지우	만약에 말이야. 만약에… 내가 너를 기다리면… 넌 올 거야?
경도	오지!! 난 오지.

지우, 고맙다.

경도	나 말이야. 남자는 우는 거 아니라고 하는데. 이젠 막 울라구.
지우	왜?
경도	연극 대사 중에 말이야. 눈물의 양이 정해져 있다잖아. 누군가 울기 시작하면 누군가는 눈물을 멈춘다잖아. 내가 많이 울면… 넌 안 울게 될 거잖아.

지우, 경도를 본다. 마주 보는 두 사람.

지우	존나 멋진 새끼.
경도	아 욕 좀 끊어….
지우	개가 똥을 끊지.
경도	그런 말은 어디서 배우냐?
지우	세영 언니.
경도	너 그 집에서 나와. 애가 점점 더 이상해져.
지우	달리자.
경도	어??

지우, 이미 운동장 한가운데로 달려간다. 경도도 달린다.
신나게 운동장 한가운데로 달려온 지우, 대자로 누워버린다.

경도	일어나~! 왜 땅에 누워!!

지우	너도 누워.
경도	아니 왜… 운동장에….

하면서도 지우 곁에 눕는다. 두 사람 하늘을 본다. 별이 많다.

지우	우리 잘래?
경도	여기서 자면 입 돌아가.
지우	(일어나 경도를 바라보며) 멍청아 슬립 말고 섹스 말이야.

경도, 눈이 휘둥글. 어이가 없다.

경도	여기서…?
지우	아무도 없잖아.
경도	진심이냐.
지우	기억에 남잖아.
경도	너도 알지. 너 생똘아인 거.
지우	(경도 위에 엎드려 목을 조르며 야호 하듯) 자자 경도야!
경도	조용해 쫌…. 빨랑 비켜, 가자.
지우	(더 소리 지른다) 하자 경도야~~!!!

경도, 지우 입을 틀어막는다.

경도	미쳤냐 너!
지우	(막 손을 떼어내며 깔깔) 함 하자 경도야~!!

옥신각신이다. 지우는 재밌어 죽는데 어디선가,

남자 소리	해! 걍 해해!!!

헉…. 조용해진 지우와 경도. 얼음이다.

| 지우 | (소리 지른다) 고맙다!!! |

지우, 또 웃음이 터져 운동장에 대자로 누워 깔깔.
경도는 정말 환장하겠다.

23.　2007. 로데오 거리 (낮)

지우와 경도 팔짱 끼고 데이트. 패션 매장이 즐비한 쇼핑 거리.

경도	부모님… 이제 오실 때 다 되지 않았나?
지우	(아쉽다) 내 인생에서 요즘 몇 주가 시간이 젤 빨리 간 거 같아. 벌써 오실 때라니 흠….
경도	두 분이 같이 출장 가셨다 그랬지?
지우	어? 어….
경도	너네 부모님은 뭐 하셔?

[인디아고] 대형 매장이 보인다. [자림어패럴] 문구도 보인다.
지우, 그 매장을 남다르게 바라본다. 네거티브하다.

지우	옷 장사해.
경도	그래서 니가 패션 감각이 좀 있구나?
지우	우리 아빠가 파는 옷 안 입어. 나랑 안 맞아.

마네킹이 입고 있는 화사한 원피스가 예쁘다.

| 경도 | 저거 너 입으면 이쁘겠다. 내가 알바 해서 사 줄게! |

지우, [인디아고] 매장을 보는 마음이 불편하다.

지우	됐어. 나 저런 스타일 안 좋아해.

여전히 원피스 보고 있는 경도의 팔짱을 끼고 이동하는 지우.

지우	배고파. 떡볶이 먹으러 가자!
경도	지우야. (심각)
지우	어? (쫄았다)
경도	오늘은 떡볶이 쉬자. 어제 두 끼나 떡볶이였어.
지우	맛있잖아.
경도	그래… 가자…. 우리 지우가 좋아하면 세 끼도 먹어야지!

헤헤… 지우, 경도 팔짱을 끼고 간다.
경도, 지우에게 끌려가면서도 고개를 돌려 원피스를 바라본다.

24. 현재. 경도 집 거실 (낮)

지우, 소파에 앉아 경도의 오렌지 티셔츠를 빤히 본다.
경도, 최대한 아무렇지 않은 척 소파로 오는데,

지우	넌 그 티셔츠가 입고 싶냐? 그거, 그거 맞지?
경도	비슷한 거야.
지우	아우 짜쳐.

환멸을 느끼는 듯 경도를 바라보는 지우. 경도, 에이… 작아진다.
소파에 앉은 지우. 식탁 의자 가지고 와 마주 앉아 다리 떠는 경도.

지우	18년? 야, 박물관에 넣어야 하는 거 아니니 그 티셔츠?
경도	최근에 입기 시작했어. 성의를 봐서 버리지도 못하고. 내가 F라 그래.
지우	목이 그렇게 늘어졌는데?

경도	알뜰한 편이야. 이 정도 집 전세금 모으기가 쉬운 줄 알아?
지우	그냥 솔직하지 그래. 내 생각 나서 늘어날 때까지 입고 있다고.

경도, 아우 씨, 그냥 확 벗으려고 하는데.

지우	야하게 왜 옷을 벗어?
경도	(하… 참는다)
지우	그리구, 내가 이혼 기사 내라 했지? 그럼, 이 사달도 안 났을 거 아냐. 하여튼 돈까스 사겠다고 버럭거릴 때부터 넌.
경도	됐고. 너 영국 가기 전에 수습하고 가.
지우	내가 왜 수습을 해야 되는데?
경도	누가 찍은 건진 모르겠지만. 나 찍은 거겠냐? 시끌벅적한 너 찍은 거 아냐, 너! 난 희생양이고!
지우	그래, 그렇다 쳐. 그럼 니가 와서 사정을 하든 부탁을 하든 해야지, 왜 세영 언니를 보내? 왜, 장례식에서나 보자고 한 말이 쪽팔리든?

경도, 그냥 창밖을 보며 묵비권.

지우	기자로 먹고살았으면 한마디 한마디가 신중해야 되는 거 아닌가?
경도	(에이 씨) 하나 잡았지? 신이 나셨어 아주! 싸우자고 온 거야?
지우	(이런 씨) 안 해.

일어나 나가려는데, 경도 화들짝 놀라 지우의 팔을 잡는다.

지우	놔라.
경도	하자.
지우	하고 싶으면, 남자답게 굴어.
경도	장례식 때나 보잔 말, 유감이야. 됐지?
지우	지금 니 꼬라지가 유감이다.

경도, 매우 빡치지만, 꾹 참는다.

/지우, 다시 소파에 거만하게 앉아 있다.
경도, 탁자 위로 기획서 같은 페이퍼를 쓱 내민다.
지우, 뭐야? 집어서 본다. 여러 가지 브랜드명이 적혀 있다.
사진 컨셉도 예시로 제시되어 있다.

경도	그런 느낌으로… 저기 뭐야, 형들이랑 누나랑 같이.
	너랑 나도 이렇게 자연스럽게 한 장 찍는 거지.
지우	18년 우정이다… 뭐 그런 컨셉이야? 그러니 연애 쪽으로 몰고 가지
	마라.
경도	그렇지.
지우	그럼, 이 브랜드들은 뭐야?
경도	이제 그게….

25.   회상. 동운일보 연예부 사무실 안 (낮)

한경이 경도 책상에 걸터앉아 뱀같이 눈을 뜨고 감아온다. 경도, 숨
도 못 쉬겠다.

한경	어렵지 않아. 사진 한 장 딱!
	찍는 김에 서지우 착장 이슈를 가져오는 거야.
경도	왜요.
한경	김가을 편집장 알지? 패션잡지.
경도	왜요.
한경	왜요 좀 그만하고. 김가을이 전화를 했지 뭐야?
	이번 달 메인 브랜드가 루이라잖아?
	서지우가 루이로 풀착장 해주면 어부지리 먹겠다는 거지.
경도	너무한 거 아니에요!!

| 한경 | (싸둔 박스 가리키며) 나 은퇴각이라고 말했니 안 했니! 이왕 기획하는 거, 어! 너 살고! 나 살고! 동운일보 연예부, 패션지 살고! |

경도, 숨이 막힌다.

26.   현재. 경도 집 거실 (낮)

지우, 어처구니가 없다며 경도를 빤히 본다.

경도	그 브랜드 백이나 구두? 근데 이제 만약에 없으면 다른/
지우	없겠니?
경도	(썅…) 부럽다.
지우	(기획서 휙 날려주며) 너나 잘 입고 와. 아, 그거 입고 와라. 추억 돋고 딱 좋네.

경도, 더는 못 참겠다. 기획서 페이퍼 확 구긴다.

| 경도 | 야 됐어, 하지 마! 하지 마! 누구 땜에 누가 좆됐는데…. |

지우, 핸드백 집는다.

| 지우 | 재밌겠다. 오랜만에 오빠들도 보고. 진행해. |

지우, 마치 상사처럼 컨펌 주고 핸드백 들고 일어난다.
경도, 얼른 일어나 현관으로 가 문을 열어준다.

| 경도 | 멀리 안 나간다. |
| 지우 | (신을 신고 나서며) 아 맞다. 운동 안 해? 배 나온다, 너. |

지우, 휑 나가버린다. 경도, 닫힌 현관문을 한참 본다.
그러고는 가만히 자신의 배를 내려다본다. 그러고는 가만히 힘을 줘
본다.
갸웃… 괜찮은데….

27.   지우 집 거실 (밤)

지우, 맥주를 마시며 텔레비전을 보고 있다.
화면엔 영화가 진행되고 있지만, 지우는 다른 생각을 한다.

FB (S#24)/ 경도 집 거실.
티셔츠를 확 벗어버리려고 하는 경도.

지우, 피식 웃음이 난다. 맥주가 비었다.
냉장고로 가 6개 묶음 맥주를 통째로 들고 와 소파에 앉는 지우.
한 캔을 딴다. 거의 비울 듯 대차게 마신다.

28.   경도 집 침실 (밤)

경도, 다른 티셔츠를 입고 있다. 오렌지 티셔츠 퍽퍽 뭉치듯 모아 쥔다.

FB (S#24)/ 경도 집 거실.
지우 *그냥 솔직하지 그래. 내 생각나서 늘어날 때까지 입고 있다고.*

경도, 열 뻗치는지 쓰레기통에 퍽 처넣는다.
침대에 눕는 경도, 이불을 뒤집어쓴다.

경도 소리   버렸어야지 미친노마!!!!

이불킥을 해보아도 짜쳤던 건 사실.

/아침. 침대에 그럭저럭 잘 펴서 놓아둔 오렌지 티셔츠.

29.　　지연 자동차 안 (낮)

지연, 뒷좌석에 앉아 이동 중이다.
핸드폰으로 전화가 걸려온다.

지연　　가고 있어요.
강민우 소리　　출발했구나? 아니 아버지 급하게 회의가 잡히셨대.
지연　　(흠…) 요즘 재단 좀 시끄럽다 걱정하시더니….
강민우 소리　　어떡할래, 우리끼리 먹을까?
지연　　당신은 어딘데?
강민우 소리　　난 왔지. 근처에 일이 있어서 좀 일찍 왔어.
지연　　나도 곧 도착해요. 같이 식사해요.

지연, 통화를 마친다. 조용한 시선으로 밖을 바라본다.
피곤한지 눈을 감았다 떴다 한다.
멍해지는 거 같은지, 고개를 좀 흔들며 나른함을 쫓아낸다.

30.　　한정식집 룸 안 (낮)

지연과 강민우 식사 중이다. 창밖으로 작은 정원이 보인다.
지연, 정원을 멍하니 바라보는 중이다.

강민우　　처제는 언제 출국한대?

지연, 강민우의 목소리가 들리지 않는 건가, 그저 멍하다.

강민우   여보. 좀 먹어. 무슨 생각을 그렇게/
지연   저는 아직 결혼할 생각은 없었어요.
강민우   뭐라고?
지연   (다른 사람 같다) 민우 씨는 어때요? 집안에서 결혼하라고 하니까…
                   그래서 하겠다고 하신 건지… 그게 궁금해요.

강민우, 이상한 감정이 든다. 뭔가 묘하고 짜릿해하는 거 같다.
강민우, 핸드폰을 들어 만지작거리며 와… 티나지 않게 영상을 찍는
거 같다.

강민우   서지연… 씨? 괜찮아요…? 컨디션 안 좋아 보이는데….
지연   그렇다고 민우 씨가 싫다는 말은 아니에요. (옅게 웃는다)
                   너무 갑작스러워서 좀… 두렵다고 해야 되나.
강민우   그러니까 지금… 우리가 결혼을 앞두고 있다. 그죠?
지연   (맑은 미소) 민우 씨는 이상형이 어떻게 되세요?
강민우   하하하…. 하하하하…!! 이상형이라… 와 이거 신선하네. 이야….

걱정은 하나도 보이지 않는 강민우. 지연, 천천히 식사를 시작한다.

31.   경도 집 주방 (밤)

경도, 시리얼을 먹고 있다. 한경에게 문자가 들어온다.

문자 인서트/
기사에 니 사진도 하나 넣자는데?

기겁하는 경도. 바로 전화를 건다.

경도	내 사진을 왜 넣어요!!
한경 소리	착장 단체샷 하나는 기사가 비어 보이잖아.
	스토리가 안 붙어. 무슨 고민인지 알지? 니 사원증 사진 같까?
경도	몰라요. 하지 마 정말. 나 이민 갈 거야, 하지 마요…!!

경도, 다시 시리얼 먹는데 매우 불안하다. 우적우적… 안 되겠다, 벌떡 일어난다.

32.   경도 본가 거실 (밤)

경도 모와 경도 부, 식탁에 마주 앉아 과일을 먹고 있다.

경도 부	김치냉장고 봐놨어? 올해는 바꿔야지.
경도 모	보면 다 좋지 뭐. (주방을 둘러보며) 죄다 크게 나와서 자릴 많이 차지하니까 선뜻… (사기도 뭐하네).

현관문이 열리며 경도가 급하게 들어온다.

경도 부	뭐야, 어쩐 일이야?
경도	나 뭐 좀 찾으러!

경도, 바로 자신이 사용하던 방으로 들어간다.

33.   경도 본가 경도 방 (밤)

경도, 서랍과 온갖 수납장을 다 뒤진다. 찾을 수가 없다.

경도	분명… 버리진 않았는… 아!!!

경도, 몇 권의 옛날 책들을 차례로 꺼내 후루룩 넘겨본다.

그 사이에 꽂혀 있는 〈고도를 기다리며〉 브로슈어.

경도, 찾았다는 희열로 시작해서, 잠시 들여다보니 피식 아련한 웃음도 난다.

문이 벌컥 열린다. 경도 모, 방을 슥 보더니.

경도 모　　여기다 두자 여보.

경도　　　　뭐를?

34.　　경도 본가 주방 (밤)

과일을 먹고 있는 경도와 부모.

경도 모　　다시 들어와 살 것도 아니잖아. 짐 빼.

경도　　　　방에 김냉 두면 동선 더 불편하셔.

경도 모　　벽을 틀 거야. (가늠해보며) 집이 훤~하지.

경도 부　　그래도 경도 방은 둬야지…. 결혼하구 그러면 명절에 애들 데리고 오고.

　　　　　　그게 정이지.

경도 모　　(턱도 없다는 듯) 결혼을 언제 해. 이번엔 가나 했더니 친구라잖아.

경도, 점점 자리가 불편해진다.

경도 모　　난 요즘 그래 그냥. 어디 축의금 낼 데 생기면, 기부한다… 생각해.

　　　　　　뿌린 거 언제 걷나 싶으면, 뷔페 먹고 꼭 탈이 나.

경도　　　　(브로슈어 잡으며) 아빠 나 갈게….

경도 부　　불은 니가 지르고. 너도 여기서 자!!

경도, 노노노! 얼른 사사삭 집을 빠져나간다.

경도 모는 초월한 듯 과일을 먹는다.

35.　　나무미술학원 안 (낮)

멋을 한껏 부린 우식. 평상시 그대로인 세영.
더 멋을 한껏 부린 정민. 경도, 두 형을 본다.

경도　　너무 튀는데?
우식　　평소와 다를 바 없는데 왜.
정민　　나도 그러한데 왜.
세영　　가식적인 인간들.

미술학원 문이 열리고, 지우가 들어온다.
무난하지만 세련된, 아름다운 지우. 경도, 잠시 눈빛이 흔들린다.
지우와 눈이 마주치자 얼른 정신 차리는 경도.

경도　　다 왔네. 빨랑 한 장 찍고 째자.
지우　　숨 넘어가니?
정민　　지우야!
지우　　안녕 오빠들.
우식　　야… 우리 얼마 만이야?
지우　　오랜만?

지우, 우식과 정민과 반갑게 인사한다. 경도는 눈알만 왔다 갔다.

지우　　이경도 살려준다고 다 모였어. 의리는 있어?
경도　　숨 돌렸지? 이제 사진 한 장 찍고.

경도, 가방에서 〈고도를 기다리며〉 옛 브로슈어를 꺼낸다.

지우, 헐… 브로슈어를 집어서 본다.

지우 이걸 아직도 갖고 있어 이경도?
경도 진행 느려져. 질문하지 마.
정민 너 나갔다 와. 진행할 때 들어와. 왜케 급해?
지우 똥줄 타나 부지.
우식 우하하하하!!! 지우는 여전해 어?
세영 이런 것도 있더라.

세영이 꺼내 보이는 사진. 이들의 18년 전 사진. 연극 무대 위에서 찍은 (흑백)사진이다.
사진 속 지우는 오렌지 원피스를 입고 있다. 경도도 오렌지 티셔츠를 입고 있다.
모두 야… 감동적인데. 경도도 슬쩍 사진을 본다. 좀 아련해진다.

지우 고도 공연 보고 떴어야 했는데. 그게 젤 아쉬워.
정민 안 본 눈 사야 돼. 안 본 게 천만다행이다 너.

경도, 정민 입을 막으려 한다. 하지만 우식의 입이 열린다.

우식 경도 이 새끼, 고도는 안 와요!
경도 아 형~!!
정민 지우는 안 와요! 존나 기다려도 서지우는 안 온다고~!!

지우, 무슨 말이야? 경도를 본다.
경도, 영혼이 탈탈 털려서 의자에 풀썩 앉는다.

정민 저 새끼가 대사를 그렇게 쳤다니까? 그리고 막 처우는 거야.
세영 그만해….
우식 그래 가지구 그냥 막을 내려버렸잖아! 푸하하하! 경도 막 우는데/

세영	(버럭) 그만해 인간아!!

우식, 입을 다문다. 정민도 입을 다문다.

지우	이경도. 진짜야? 진짜 그랬어?
경도	어렸어. 철없고. 여렸어. 순수했고. 진정성 있었어.
세영	야, 진정성 같은 개소릴… 그날 티켓 환불해준 게 얼만데!
경도	왜 과거에 집착하지?
세영	과거 끌어모으자고 모이자 한 거 너잖아!
경도	(쩝… 괜히 지우에게) 원피스 루이냐?
지우	언니가 옷 장사 하는데 루이 입었겠어? 구두랑 백이면 됐지.
정민	(셔츠를 툭 치며) 루이는 형이 입었지, 경도야.
우식	넌 명품을 입어도 티가 안 나냐….
정민	명품 입어봤어? 차우식?

재잘재잘 어쨌든 분위기 좋은 옛 친구들. 지우는 오빠들의 티격태격
을 재밌게 본다.
잠시 모든 우울함이 날아간 듯 즐거운 얼굴이다.
경도, 이 수다 속에서 잠깐잠깐 지우를 본다. 행복하고 해맑아 보이
는 지우를 본다.

36. 나무미술학원 앞 (밤)

경도, 지우, 세영과 우식, 정민. 학원을 뒤로 두고 자연스럽게 사진을
찍는다.
세영의 아들 동원(남 9세)이 핸드폰을 쥐고 이들을 찍어준다.

지우	아빠 안 닮아서 잘생겼다, 언니.
우식	동원아, 잘 찍어! 아빠 위주로 찍어!

세영	동원아, 학원 간판 나오지?

떠들썩하게 사진을 찍고 있다. 경도는 조용히 지우 뒤에 서 있다.
지우의 머리카락이 찰랑이며 경도 앞을 어지럽힌다.
경도, 동원의 핸드폰을 보기보단 지우의 뒷모습을 본다.
이들의 사진 컷. 컷. 컷.

37. 골목 (밤)

경도와 지우가 나란히 걷고 있다.

지우	우식 오빠 SNS에 올리면, 니네가 기사 내는 거냐?
경도	어. 암튼⋯ 고맙다.
지우	덕분에 오빠들도 보고 가. 나도 고맙다.
경도	언제 가냐?
지우	다음 주.
경도	영국 가면. 뭘 좀 잘 먹어.
지우	그럴 거야.
경도	잘 먹고, 잘 자고⋯.
지우	잘 싸고?
경도	노골적인 거 매력 아니다.
지우	먹고 자는 건 우아하고, 싸는 건 천박하냐?
경도	그래 잘 먹고, 잘 자고, 잘 싸고.
	⋯사람을⋯ 사람을 잘 만나, 누구든지 간에.

울컥하는 지우. 티 내지 않는다.

지우	너 같은 애만 안 만나면 돼.
경도	그치.

지우	농담이잖아.
경도	그니까. (피식)

웃는 경도를 보니까 아련해지는 지우.

지우	기사 나가면… 조용해지려나. 가는 나야 상관없지만, 니가 걱정이다. 괜히 나랑 휘말려서 인생 또 꼬일 뻔했어.

지우, 자신의 자동차 앞에 다 왔다. 차에 올라타 시동을 건다.
경도, 옆으로 빠져준다. 그러다 문득.

경도	저기.
지우	(본다)
경도	틀렸어.
지우	?
경도	두 군데가 틀렸어. 휘말린 적 없고, 꼬인 적도 없어.

경도, 담담하게 지우를 본다. 지우, 담담하게 앞을 본다.

지우	기자 티 졸라 내 증말.

출발하는 지우. 지우의 차를 바라보는 경도.

경도	저 욕지거리 끊질 못하는구만.

희미하게 웃음이 난다.

38.　　지우 자동차 안 (밤)

차에 탄 지우. 차분하다가 점점 울적해지더니, 급기야 눈물이 고인
다. 꾹 참는다.

지우　　하… 맨날 착하고 지랄이야… 쯧.

생각을 떨치며 음악을 켜는 지우.

39.　　경도 집 거실 (밤)

경도, 가방을 뒤진다. 이상하다… 또 찾아본다. 뭔가 없다.
우식에게 전화가 온다.

경도　　어 형. 금방 왔어. 차 안 막히더라구. 응.

40.　　나무미술학원 안 (밤)

작은 스탠드 하나 켜둔 학원 안. 우식이 혼자 남아 통화 중이다.

우식　　경도야.
경도　　어?
우식　　오랜만에 지우랑 같이 있으니까, 좋더라.

(이하 교차)

경도　　(멈칫) 뭐… 나쁠 것도 없고. 좋을 것도 뭐….
우식　　(피식) 웃기고 있네… 너 인마 계속 몰래몰래 지우 보느라 눈동자 바

쁘드만.

경도   (인정 못 한다) 형. 피곤해. 장난칠 힘도 없어.

우식   모든 게 있잖아? 인정하면 맘이 편해져.

경도   (말 끊는다) 맞다, 형 나 거기에 그거, 고도 브로셔, 두고 왔나?

우식   아니. 아! 니 가방에서 꺼내 가던데.

경도   누가? (알면서 물어봤다) 어떤 새끼가?

41.   지우 집 안방 (밤)

침대에 누워 브로셔 들고 찬찬히 들여다보는 지우.
오랜만에 좋은 친구를 만난 것처럼 눈빛이 반짝인다.

FB (S#35)/ 나무미술학원 안
우식 *경도 이 새끼, 고도는 안 와요!*
경도 *아 형~!!*
정민 *지우는 안 와요! 존나 기다려도 서지우는 안 온다고~!!*

지우 *이경도. 진짜야? 진짜 그랬어?*
경도 *어렸어. 철없고. 여렸어. 순수했고. 진정성 있었어.*

생각하니 웃긴다. 또 피식피식 웃는 지우. 그러다가 경도가 보고 싶
어진다.
일어나 앉는 지우. 힘 빠진 얼굴로 브로셔를 본다.

FB (S#37)/ 골목
경도 *두 군데가 틀렸어. 휘말린 적 없고, 꼬인 적도 없어.*

지우, 하… 한숨을 쉰다.

지우   누가 월하노인께 아뢰어… 날 좀….

차마 이어 말하지 못한다.

42.   경도 집 거실 (밤)

가방을 다시 잘 정리하는 경도.

경도   진짜 끝이야 끝. 너 가져 그래. 이걸로 오버! 완전 끝.

야무지게 끝을 다짐한다.

43.   지우 집 거실 (낮)

햇살이 좋다. 지우, 패드로 기사를 본다.

브로슈어, 함께 찍은 사진. [자럼어패럴 서지우의 반전, 연극 동아리]

인서트/
연극배우 차우식 씨는 자신의 SNS를 통해 오래된 사진을 공개했다. 지난 기사에서 이슈가 되었던 A 씨는 18년 전 연극 동아리에서 함께 공연을 올린 친구였으며…

지연 소리   서지우 씨의 전남편 관련 기사를 준비해온 매체의 기자인 A 씨에게 불편한 마음을 전하는 자리였다고 한다.

44.　차림어패럴 대표실 안 (낮)

지연이 꽤 흥미진진한 얼굴로 기사를 읽고 있다.

지연　　차우식 씨는 SNS를 통해, 오랜 우정을 간직하고 살아온 지인으로서 두 사람의 관계가 비난의 시선을 받는 것이 안타까워 사진을 공개한 다고 밝혔다. 서지우 씨의 스무 살 사진을 본 네티즌의 반응도 뜨겁다.

다음 기사를 열어본다. 지우의 패션 착장 기사.
['나도 서지우처럼' 원피스 가방 주얼리 완판 부른 재벌 패피]
[존재 자체로 아이콘 서지우, 그녀가 입는 '루새'는 뭔가 다르다]

인서트/
매장. 고객이 원피스를 찾는다.

직원　*죄송해요. 스몰 사이즈는 다른 매장에도 구할 수가 없어서….*

/패드를 뒤엎는 지연.

지연　　하… 이경도 수비 잘하네….

머리를 굴리는 지연. 딱히 답이 없는 듯하다. 인터폰을 누른다.
곧 유단비 비서(여 27세)가 들어온다.

지연　　차 비서는요?
유 비서　홍보팀 미팅… 가신다고.
지연　　그래요? 알겠어요.

유 비서, 인사하고 나간다. 지연, 차 비서에게 전화 건다.

지연   미팅 중이죠? 알아볼 게 있어서.
            동운일보 연예부 이경도 기자. 연락처 알아봐요.

            통화 마치는 지연, 마음이 다급해진다.

45.   실외 테니스장 (밤)

            강민우, 스트레스 많은 얼굴로 테니스 볼머신에서 날아오는 공을 받아 친다.
            벤치로 걸어가 수건으로 땀을 닦는 강민우. 핸드폰에 문자가 들어온다. 확인한다.

            문자 인서트/
            서 대표님 단독 이동 중이십니다.

            강민우, 전화를 건다.

46.   자림어패럴 주차장 (밤)

            지연의 자동차를 닦고 있는 운전기사(남 30대 후반).
            강민우에게 전화가 온다.

지연 기사   네 상무님. 별다른 말씀은 없었습니다.
            택시로 이동하셨습니다. 네. 네. 네 알겠습니다.

            통화 마치고 다시 차를 닦는다.

47. 실외 테니스장 (밤)

강민우, 지연이 어딜 갔는지 궁금하다.
지연에게 전화를 건다. 받을 수 없다는 멘트가 나온다.

강민우   기사도 보내고 어딜 간 거야.

신경 쓰이는 강민우.

48. 소망세탁소 건너편 (밤)

지연이 있다. 건너편의 세탁소 안을 바라본다.
밝은 불빛 아래서 조용히 또 평안하게 일하는 경도 모와 경도 부(남
65세) 보인다.
지연, 생각에 잠긴다.

49. 2015. 대학병원 중환자실 앞 (밤)

면회 시간. 그때의 지연이 유리 너머 중환자실 안을 조심스럽게 살
핀다.
경도 모가 보인다.
침대에 누워 있을 경도 부는 보이지 않는다.
수척하지만 강단으로 버티는 경도 모의 얼굴이 보인다.
지연, 어떤 감정인지 느껴지지 않는 차분한 표정으로 돌아선다.

50.   현재. 소망세탁소 건너편 (밤)

나이 들어가는 부부의 모습을 담담하게 바라보는 지연.

지연   여긴… 색감이 좋다.

지연, 돌아서 이동한다.

51.   삼겹살집 안 (밤)

직원이 고기 구운 것 마무리하고 빠진다.
한경, 불판 위 구워진 고기를 정성껏 집어서 경도의 접시에 올려준다.
경도는 많이 부담스럽다.

경도   제가 먹을게요…. (궁시렁) 안 하던 걸 하고 그러시냐고….
한경   (눈 땡글) 구워주는 고기, 집어도 못 주니!
경도   부담스럽게 왜 그래요 진짜, 진작 잘해주시든가.
한경   그럼 나는, 동운일보 이경도 차장님께 어떻게 감사를 전하니!

경도, 한 점 먹는다. 오우… 맛있다. 두 점 먹는다.

한경   맛있지?
경도   (한입 가득 중) 완전.

한경 흐뭇하다. 한경도 한 점 맛있게 먹는다.

한경   (슬쩍 떠본다) 그래서, 서지우는 이제 영국인가 어딘가로 간다는 거
       잖아.
경도   그러든가 말든가. 이젠 정말 끝이야 끝!

한경	좋았어! 나의 평생 연적 서지우 씨도 아웃 하셨고.
	나만 잘하면 되는 거잖아?
경도	(또 시작이다… 본다) 서지우가 왜 진한경 연적이지.
한경	내가, 우리 이경도에게 구애한 지 언 십 년. 그럼 연적이지.
	걔 못 잊어서 컷팅질하잖아.
경도	우와… 아우… 차 사 줄게 나랑 사귀자, 전세금 빌려줄게 나랑 사귀
	자, 루이 콜라보 스니커즈 구했다 나랑 사귀면 너 줄게. 이게 구애예
	요?
한경	그게 구앤데.
경도	장난 좀 치지 맙시다. 선배 내년에 마흔이잖아.
한경	그니까 서둘러야지. 너 보여줄 거 있어.

한경, 가방에서 부동산 파일 꺼내 경도에게 내민다.

경도	(뭐야… 받아서 본다)
한경	나 옥수동 집 샀잖아. 야… 요즘에 대출 없이 집 사는 사람 봤어?
	잘 봐, 나잖아.
경도	자랑 야무지다.
한경	왜 자랑이라 생각하지? (장난스러운 미소) 같이 들어가야지 이경도?
경도	(기겁) 진짜 신고한다. 112 누른다.
한경	안 먹었어? (계약서 파일 접으며) 압구정이면 들어올래?

경도, 핸드폰 열어 뭔가 터치하더니 한경에게 보여준다.

경도	눌러.

보면, 112 대기 상태. 한경, 이 개새…. 경도 손을 툭 쳐버린다. 너무
웃겨 웃는 경도.

한경	애썼다. 어려운 거 했어.

경도	그니까. 이거 먹고 2차 가잔 말 하지 마요.
한경	(놉!) 아이스크림은 먹고 가야지.

경도, 반발하려 하는데, 경도의 핸드폰이 울린다. 모르는 번호다.

경도	여보세요. 네. 네. 어디라고요??

점점 굳어지는 경도의 얼굴.

52. 소망세탁소 앞 (밤)

한밤중이라 불이 꺼져 있는 상가. 소망세탁소.
세탁소 앞 작은 벤치에 앉아 있는 지연. 택시가 서고 경도가 경직된
얼굴로 내린다.
지연, 일어나 경도를 본다. 경도, 지연 앞에 선다.

지연	빨리 오셨네요?
경도	(가늠이 안 된다. 말을 아낀다) 처음 뵙겠습니다.
지연	처음 아니에요 우리. 이경도 씨 대학 때. 호텔 뷔페 알바 할 때.
경도	아. 네 뭐… 근데 왜 여기 계십니까? (화가 난 눈빛)
지연	최대한 빨리 만나고 싶은데… 여기 있으면 이렇게… 빨리 오실 거 같아서요.
경도	…. 오늘 기사 때문에 오신 건가요?
지연	그렇기도 하고요. 부탁드릴 것도 있고요.

53. 동네 작은 카페 안 (밤)

경도와 지연이 차와 음료를 앞에 두고 있다. 경도는 매우 불편하다.

지연	우리 지우 전남편 기사/
경도	고맙다는 말은 지우한테 들었고요. 저 왜 찾으세요??
지연	두 사람 사진 찍혔잖아요?
경도	네! 그거 해명한다고/
지연	내가 찍은 거예요.
경도	!!!!
지연	직접 찍은 건 아니고. 사람 써서. 암튼 그 기사 내가 제보한 거예요.

경도, 흠…. 정말 가늠이 안 된다. 음료수를 마신다.

경도	왜요?
지연	지우 발 좀 묶어볼까 해서요.
경도	네?
지연	들었죠? 지우 영국 간다는 거. 걔 지금 나가면… 뭐랄까… 설 자리가 없어져요. 지금은… 여기 있어야 되는데. 지우 잡을 수 있는 사람이 이경도 씨밖에 없어요.

경도, 이건 무슨 말인지.

경도	저는 무슨 말씀인지 잘 모르겠고요.
지연	지우, 회사에 들어와야 돼요.
경도	…. (어쩌라고…)
지연	자립어패럴은 내가 아니라 지우가 더 잘할 거예요. 오늘 기사도 봤죠? 지우 입은 원피스 불티나게 팔렸어요. 패션은 내가 아니라 지우가 낫죠.
경도	저는 이만. 오늘 좀 피곤한 날이라서/
지연	지우 좀 잡아줘요.
경도	…. 아니… 왜 이러세요 정말…. 전 서지우랑 아무 사이가 아니에요.
지연	정말요?

지연, 경도를 빤히 본다.

지연   스물여덟인가? 지우랑 이경도 씨.
경도   저기요.

경도, 얼굴 험해진다.

지연   지우 떠나고. 아버님 치료 끝내고. 일 년을 넘게 술에 취해서….

경도, 가방 들고 일어나버린다. 가려고 하는데.

지연   지금은 아무 사이가 아니어야 하지만. 걱정은 해줄 수 있잖아요.
경도   뭐 하는 겁니까? 네? 서지우 서지연 두 여자, 지금, 뭐 하는 겁니까!
지연   우리 엄마가 좋은 엄마가 아니에요.

경도, 미치겠네… 딴 곳을 본다.

지연   내 남편은 더더욱… 좋은 사람이 아니에요.
경도   아 뭔 상관인데 내가!

너무나 화가 난 경도.

지연   지우가 빈털터리가 될 거예요. 지금 이렇게 나가면 1년? 2년도 길지.
우리 지우가 거지가 될 거예요.

이 부분은 좀 놀라는 경도. 지연을 본다.

지연   엄마는 힘이 없고. 내 남편은 좋은 사람이 아니고.
지우 지킬 사람이 나밖에 없는데. (경도를 올려다본다)
내가 기억을 잃어가고 있어요.

경도, 쉽게 이해가 되지 않는 듯 지연을 본다.

지연   이런 걸… 사람들이 알츠하이머라고 하나.

경도, 너무 놀라 눈만 깜박인다. 지연, 담담하게 경도를 본다.

54.   지우 집 안방 (낮)

옷들을 정리하는 지우. 가지고 갈 옷들만 트렁크에 넣는다.
옷이 너무 많다. 커다란 상자에 차곡차곡 넣는 지우.

지연 소리   내가 이혼하는 건 베스트가 아니에요. 오래 걸릴 거고, 승산도 없어요.
그 전에 내가 백치가 되면… 내 남편은 회사를 팔아버릴 거고.

짐 싸는 것도 지친다. 하… 숨을 쉬며 잠시 멍한 지우.

55.   동운일보 연예부 사무실 안 (밤)

몇몇 야근 기자들과 남 기자. 남 기자, 안색이 좋지 않은 경도를 조용
히 살핀다.
깊은 고민에 빠져 있는 경도, 자림어패럴 기사들을 찾아본다.

지연 소리   다 설명 못 해요. 지우가 빈털터리가 될 가망이 높은 이유….
방법은, 자림어패럴이 서지우 회사가 되게 하는 거. 그거밖에 없어요.

경도, 기사들을 닫는다. 무슨 상관이야 싶은지 머리를 흔들어 털어버
린다.

56. 경도 자동차 안 (낮)

신호에 걸린 경도. 건물 전광판에 자립어패럴 '루새' 광고가 보인다.

지연 소리   아빠랑 나는 자립 1세대….
지우가 자립의 2세대가 될 거예요. 충분히.

57. 인천공항 항공사 데스크 공간 (낮)

지우가, 프레스티지석 줄에 서 있다.

지연 소리   우리 지우 좀 잡아줘요.
옛정… 그런 거 싫으면, 우정으로 하면 안 되나?

항공사 직원 지우에게 오라고 인사한다.
지우, 커다란 캐리어 한 개를 끌고 데스크 앞으로 간다.
여권을 내보이고, 티켓을 내보인다. 짐을 들어 저울 벨트에 올리려는데.
캐리어 손잡이를 턱 잡는 손, 경도다. 놀라는 지우.

경도   얘기 좀 해.
지우   미쳤어? (항공사 직원 보며 애써 미소) 온 김에 이것 좀 올려줘.
무거워 죽겠어.
경도   (손잡이 꽉 잡고) 얘기 좀 하자고.
지우   나 지금 탑승해야 돼!
경도   다음 거 타.
지우   이게 KTX야?

경도, 항공사 직원을 본다. 빨리 올리시죠… 직원의 눈빛.
경도, 어쩌지… 갑자기 지우의 캐리어 끌고 막 가버리는 경도!

지우	저 미친 새…. 야. 야!!!

경도, 뒤도 안 돌아보고 걸음을 빨리하며 캐리어 끌고 도망간다.
지우, 이런 씨… 일단 경도 잡으러 다다다 달려온다.
경도, 아이 씨… 걸음을 더 빨리한다. 곧 잡힐 거 같다. 이젠 가방 끌며 달리는 경도.
지우, 미친놈….

지우	거기 서!!!!!!!!

사자후 서지우! 냅다 달리는 이경도!
이 소동에 달려오는 공항 경찰! 급기야 경도를 잡아 덮치는 경찰 둘!
개판이 되었다.

지우 소리	누가 월하노인께 아뢰어… 날 좀… 니 곁에 잡아뒀으면…!

엔딩.

58. 에필로그. 2007. 지리멸렬 동아리방 (낮)

지리멸렬 흑백사진. 사진에서 카메라 빠지면 세영이 정민을 아유… 본다.

정민	컬러 필름인 줄 알았지.

사진에서와 다른 복장의 경도와 지우, 세영, 우식, 정민.

경도	흑백이 분위기는 있다? 그치 형?
우식	지우 표정 보고 얘기해.

지우	경도랑 나랑 커플템 묻혔잖아.
경도	그래 묻혔잖아 형!
정민	다들 왜 지랄이지!! 내가 카메라를 괜히 가져왔지 젠장!!
세영	기분도 흑백인데 한잔하러 가자.
우식	그래. 흑백 정민이가 사. 가자.
정민	현상도 내가 했거든! 인간들이 양심이 없어….

투덜거리고 키득거리며 술집으로 이동하는 세 청춘.
지우는 사진을 투덜 바라본다. 경도가 지우의 어깨에 손을 올려 감
싸안는다.

경도	흑백이라 이쁘게 나온 거야 너.
지우	죽빵 한 대 맞을래.
경도	가자! 술이나 마시러 가자!!

/환하게 웃는 흑백사진, 이어 경도와 지우만 컬러로 변한다.
두 사람의 오렌지색 원피스와 티셔츠가 오롯하게 올라온다.

3부

1. 현째. 인천공항 치안센터 (낮)

경도, 지우, 서로 등 돌리고 앉아 열받아 한다.
카메라 빠지면, 공항 치안센터. 경찰 두 명이 난감하게 이들을 보고 있다.

경찰1   동운일보 기자시네요?
경도   (짜증) 네.
경찰1   두 분이 아는 사이 확실한 겁니까?
경도   네!

지우, 대답 안 하고 팔짱 끼고 있다.
경도, 지우 본다. 야… 대답해야지… 노려본다.

경찰2   서지우 님, 이분 아는 분 맞으세요?
지우   그런 거 같기도 하고….
경도   같기도 하고?

지우, 어쩔! 경도를 확 노려본다.
경도, 핸드폰으로 이들의 친구인 시절 기사를 찾아서 경찰에게 보여준다.

경도   아는 사이 맞다니까요?
경찰2   근데 왜 이분 캐리어를….
지우   내 말이.
경도   할 말이 있는데, 피하니까… 중요하게 할 말이 있었거든요.
지우   난 없는데?
경도   야!!!

지우   왜!!!

두 사람의 기싸움에 경찰들 입 다물고 난감해한다.

2.   인천공항 일각 (낮)

사람이 많지 않은 공항 일각 벤치. 두 사람 한 칸 떨어져 앉아 있다.
지우 곁에 커다란 캐리어.

지우   할 말이 뭐야?

경도, 어떡하지 어디까지 말하지….
뭐라고 설명할지 난처하지만.

경도   넌 도망가는 게 특기야?

지우, 이런 쌍… 경도를 확 돌아본다. 경도, 너무 질렀나 주춤한다.

경도   내 말은, 지금 니가 영국으로 튈 타이밍이 적합한 타이밍이냐… 그런
        거지.
지우   뭔 상관?

경도, 그치 뭔 상관… 말이 막힌다.

지우   여기서 자빠져 노나, 영국 가서 런던 브릿지 보면서 자빠져 노나.
        내 맘이잖아!
경도   그 마인드가 이기적이라는 거야. 예를 들어봐. 니네 언니가 회사 어?
        운영한다고 얼마나 힘들어? 근데 넌 돈 쓰러 다니냐고.
        여기서 뭐라도 배우거나, 그러면 좋잖아?

지우	오지랖 지랄 나셨네.
경도	(크흡… 쌍…) 암튼, 나 지금 회사 들어가 봐야 돼 가지구. 나중에 만나서 다시 얘기해.
지우	장난해?
경도	진지한데?
지우	너 땜에 놓친 비행기 티켓 어쩔 건데?
경도	그건 이제….
지우	퍼스트 클래스 720만 원. 어쩔 거냐고.
경도	퍼스트 클래스를 왜 타냐고.
지우	내놔.
경도	내가?
지우	니가 잡았잖아.

어쩌지… 좆됐다….

지우	나 집 내놨어. 다 정리하고 나왔다고. 다시 들어가는 거 짜증 나니까 니네 집 가 있을 거야.
경도	아 왜!!! 호텔 가!
지우	호텔비도 내줄 거야? 스위트룸 잡을 건데.
경도	그냥 니네 집 가면/
지우	닥치고. 티켓 값 입금할래, 니네 집 비밀번호 내놓을래.

경도, 빠져나갈 길이 안 보인다. 다리 달달달 떨다가.
핸드폰으로 은행 어플 연다.

경도	계좌번호 불러.

지우, 어? 센데… 김샜다.

지우	누리은행. 345864830.

경도, 마구 입력한다. 이체를 마치고 일어난다.

경도   간다. 얘기 끝난 거 아니야.

지우, 띠링 입금 문자 온다. 눈 휘둥글? 어이없어 계좌 열어본다.

지우   천백이십일 원???? 나 살다 이런 숫자 통장에 찍히는 건 첨이네?
미친놈 진짜 씨….

경도   비밀번호 달라며!!

경도, 뒤도 돌아보지 않고 출구 쪽으로 걸어간다. 쪽팔린지 종종종 점점 빨라지는 걸음. 지우, 헐… 통장 숫자 보고, 경도 뒷모습 보고.

지우   나이스.

새침하게 일어나 캐리어 끌고 또각또각. 좀 신나 보인다.

3.   **동운일보 회의실 안 (낮)**

경도, 통화 중이다.

경도   지우 저희 집에 가 있어요. 어떻게 하다 보니까 꼬였는데, 이제 데려다 알아서/ 네???

4.   **자림어패럴 대표실 안 (낮)**

지연, 다행인 얼굴이다.

지연   내가 나서면 다 꽝 아닌가? 지우 뒤 캐고 있는 거 같잖아요.
       그렇다고 이경도 씨 찾아가 부탁했다고 말하는 건, 더 악수죠.
       (하나도 안타깝지 않다) 안타깝네요 상황이…. 제가 지금 회의 들어
       가야 해서.

5.   동운일보 회의실 안 (낮)

       경도, 통화를 마친 핸드폰을 와… 바라본다.

경도   이 여자들… 짜고 치는 거 아니야??!!!

       대단히 잘못되어가고 있음을 느끼는 경도.

6.   경도 집 거실 (낮)

       거실에 떡하니 들어와 있는 캐리어.
       거실 탁자엔 비운 맥주캔 두어 개, 비워질 맥주캔 서너 개….
       구석구석 구경하며 통화 중인 지우. 한 손엔 역시나 맥주캔.

지우   출국 수속도 못 했다니까 언니?

7.   세영 집 거실 (낮)

       소파에 늘어져 핸드폰으로 영화 보는 우식, 곁에서 통화 중인 세영.

세영   (놀라서) 경도가 공항엘 왔다고???

엥? 놀라워하며 일어나는 우식.

우식   경도가?? 스피커 스피커!

세영, 스피커폰으로.

지우 소리   못 가게 잡더라구.

멋대로 각색 인서트/
항공사 데스크 앞에서 지우의 손을 확 당겨 잡는 경도.
사랑이 이글이글한 경도의 눈, 세상 슬픈 지우의 사슴 같은 눈.

경도 가지 마, 지우야.
지우 우린 이미 헤어진 사인걸?
경도 이대로 널 보낼 순 없어.
지우 경도야….

경도, 지우의 손을 잡고, 다른 한 손은 캐리어를 끌며. 영화 〈졸업〉의
한 장면처럼 가자~~ 달린다. 지우, 어머~~ 함께 달린다.

8.   경도 집 거실 (낮)

지우, 소파에 앉아 새로운 맥주캔을 따며.

지우   나? 나 지금 경도 집이지.
우식 소리   경도 집!!!!
지우   (한 모금) 몰라…. 자기 집에 가 있으라잖아?
          내 집에 혼자 있게 두고 싶지 않나 봐. 참 나….

멋대로 각색 인서트/
공항 일각. 벤치에 딱 붙어 나란히 앉아 있는 경도와 지우.

지우   넌 회사 가봐야지.
경도   넌 어딨을 거야?
지우   난… 집에 가서… 외롭게….
경도   (지우의 손을 당겨 잡으며) 1121. 내 집 비밀번호야.
　　　　너 혼자 니가 살던 그 집에, 외롭게, 그런 거 나 싫어.
　　　　우리 집에 가 있어줄래?

9.　　세영 집 거실 (낮)

통화를 마친 두 사람, 서로 마주 보고 있다.

세영   파란불인가?
우식   이 새끼… 낭만 있는데? 이경도 이 새끼… 이야….

우식, 재밌어하며 경도에게 전화를 건다.

우식   헤이 브로!

10.　　동운일보 연예부 사무실 안 (낮)

의자를 돌려 앉아 뒤통수만 보이는 경도. 통화 중이다.

우식 소리   야 너 공항에서 서지우 잡고 울고불고했다며!
경도   　내가? 공항에서? 응. 응. 응? 응…. 응. 끊어야겠다 형. 토 쏠려.

빙그르르… 다시 앞으로 돌려 앉은 경도.

경도   (흠… 잠잠하다가 머리를 쥐어뜯으며) 각색을… 아우 미친….

팀원들 앗… 영문 모르고 쫄아서 경도 눈치 살핀다.
경도, 책상에 머리를 박고 자신을 타박하듯, 제 머리 퍽퍽!
지나가던 한경이 저거 왜 저래… 본다.

11.   세영 집 거실 (낮)

끊긴 전화에 핸드폰을 보는 우식.

세영   (바짝 붙어) 뭐래?
우식   토 쏠린다는데?
세영   온도 차가 있다? (그치?)

대수롭지 않게 여기는 세영과 우식.

12.   경도 집 현관, 거실 (밤)

비밀번호 누르는 소리. 삐릭 삑사리. 다시 누르는 소리. 문이 벌컥 열
린다.
열이 있는 대로 받은 경도 들어오면서부터 시작이다.

경도   야! 너 뭐 영국 가서 섹스피어 소설 배울 거였어?
        팩트를 그 따위로 각색….

앗… 보면, 지우가 자신의 오렌지 티셔츠를 입고 파자마 바지를 입

고 거의 풀린 눈으로 하이… 웃고 있다. 경도, 무섭다.

탁자에 쌓인 맥주캔이 열 몇 개. 캔맥주에다 소맥을 제조 중이었던 지우.

지우	(혀 풀려) 영국 가서 섹스 배우라고?
경도	(확 씨) 미친 새끼…. (맥주캔들을 보며) 이걸 다 처마시….
지우	너도 하나?
경도	야 일어나. 여기가 무슨 술집도 아니고, 뭐 하는 거야 지금!
	니 집으로 가자. 칠백이십 줄 테니까 가 너.
지우	(경도 티셔츠 냄새 맡으며) 야 이거… 냄새 나. 캬캬캬 노숙자 냄새 나!
경도	벗어라.
지우	야하게 왜 벗으라 그래.
경도	(지우 잡아 일으키며) 가자. 답 없어 너, 가 얼른.
지우	(뿌리치며) 안 가! 잡을 땐 언제고 씨…. 너도 마시라니까?
경도	아 싫다고!
지우	소리 지르지 마. 흥분했어? 우리 경도?

경도, 아 미친놈… 식탁 의자 끌어와 맞은편에 앉는다.

경도	정신 못 차려?
지우	(차렷하며 빙긋) 차렸어. 자 얘기해봐. 나 왜 잡으러 왔엉?
	나 막 떠난다니까… 마음이 막… 막 그랬어?
경도	술 깨고 얘기해. 옷이나 갈아입어. 내 거야.
지우	옷? 벗으면 될 거 아냐….

지우, 여기서 훌러덩 벗으려고 하자, 경도 기겁을 하며 다가와 말린다.

경도	야 쫌!!

지우, 헤헤 웃더니 경도를 와락 안아서 소파에 자빠뜨린다.

너무나 당황하며 깔려 있는 경도.

경도   왜 이래…. 비켜봐, 야! 야!!
지우   아이구 우리 경도 새끼… 아직도 잘생겼네….

지우, 경도에게 마구 달려드는데, 경도 필사적으로 막는다.
지우 재밌다고 웃고, 덤비고, 그러다 풀썩 경도 위에 엎드려버린다.
잠잠한 지우. 그새 크… 잠이 들어버린다.
얼결에 지우 밑에 깔려 있는 경도. 일단 가만히 있는다.
지우의 새근새근 숨소리. 지우의 머리카락… 지우의 향기.
경도, 밀어내려 지우를 잡고 있던 두 손에 힘이 빠진다.
망설이다가 지우의 몸을 토닥… 토닥… 경도의 얼굴에 그리움 같은
것이 어린다.
지우의 흘러내린 머리카락을 넘겨준다. 쓰다듬어준다.

/잠든 지우를 안고 침실로 들어가는 경도.

/침실. 지우를 잘 눕혀준다. 곁에 앉아 지우를 바라본다.
잠시 피식 웃음이 난다.

13.   2007. 호텔 전경 (밤)

고급스러운 강남의 호텔 전경. 우아하고 조용한 음악이 흐른다.

14.   2007. 호텔 일각 (밤)

뷔페 유니폼을 입은 경도 보인다.
매니저(남 40대)가 경도에게 다가온다.

매니저	오늘 홀 말고 룸 지원해줘. 룸이 만석이야.
경도	네!

경도, 경쾌한 얼굴로 이동한다.

15.　　2007. 호텔 뷔페 VIP룸 (밤)

지우네 가족과 친척들이 식사 중이다. 다 귀티가 흐른다.
지연은 공부만 하는 대학생 비주얼이다.
이때, 접시를 치우러 들어온 알바. 경도다.
지우와 경도 눈이 마주치자 서로 너무나 놀란다.
이 모습을 놓치지 않는 지연.

고모	(지적이고 착한 말들) 지우는 뉴욕에 언제 들어가?
	학기 시작할 때 들어가나?
지우	….
지우 모	곧 들어가요.
고모	가면 한참 못 올 텐데, 한약 좀 먹자.
	갈수록 살이 빠지는 거 같아. 우리 지우, 다이어트 해? (웃는다)

지우, 경도로 인해 경황이 없다. 어색하게 웃음을 걸치다 만다.

지우 모	(웃어 보인다) 잘 먹고 잘 자는데 살이 안 올라요.

경도, 접시를 정리하는데, 표정이 굳어 있다.
지우, 온통 경도 생각에 머리가 하얗다. 지연(여 23세), 식사하며 경도를 차분하게 살핀다.
소믈리에가 들어온다. 경도는 접시를 치운다.

소믈리에	회장님, 테이스팅 해보시겠습니까.
지우 부	뭘 해. 그냥 줘. (웃는다)

경도, 이 모든 문화가 이질감이 든다. 접시를 들고 조용히 나간다.
지우의 눈빛은 경도를 좇는다. 지연, 지우를 살핀다.

지연	지우야 화장실 가자.

지우, 놀라지만 반갑다. 얼른 지연을 따라나서는 지우.

16. 2007. 호텔 뷔페 일각 (밤)

경도와 지우가 어색하게 이야기 중이다.
좀 떨어진 곳에서 지연이 기다린다.

지우	주말 알바… 여기서 해?
경도	…응. 가족들이랑 식사하는구나.
지우	어….
경도	너 학교….

이때, 하필 지우 모가 지나간다. 지우, 얼굴이 굳는다.
지연의 얼굴도 낭패라는 표정. 지우 모, 경도를 빤히 보며 다가온다.

지우 모	누구?

지우, 남자친구라고 말해야겠다. 그러나 경도가 먼저.

경도	안녕하세요.
지우 모	지우 친구?

경도	아 네….
지우 모	(지우 보며) 언제 친구…지? 엄마는 기억이….
지우	엄마 경도는….
경도	제 친구가 지우랑 친구예요. 그래서 얼굴만 좀 알아요.

지우, 이 상황에 절망한다. 지우 모, 그렇겠지….
매니저, 달려온다.

매니저	사모님, 뭐 필요하신 게 있으십니까?
지우 모	아니요. 화장실 가는 중인데… 아, 여기 담당 바꿔줄래요? 편하게 식사하는 자린데, 영 불편할 거 같네요. VIP룸에… 아르바이트는 좀 그렇지 않나요?

매니저, 경도를 본다. 실수했니 질책의 눈빛. 경도는 뭔가 다 잃은 얼굴이다.
지우는 얼굴이 굳어 엄마를 본다.

지우 모	지우 들어가야지? 어른들 기다리시잖아.

경도, 매니저에게 묵례하고 자리를 피한다.
지우, 절망이다. 이 모습을 담담하게 바라보는 지연.

17.   2007. 호텔 뷔페 직원 동선 (밤)

경도가 다리에 힘이 풀려 쭈그리고 앉아 있다.
매니저가 온다.

매니저	회장님 따님이 친구였어?
경도	…. 회장님…이요?

매니저 자립어패럴 회장님이잖아. 인디아고 본사. 친구면서 왜 몰라?

경도, 많은 생각이 지나간다.

18. 2007. 경도 집 골목 (밤)

생각이 많아 터벅터벅 걷는 경도.
한숨만 나온다. 핸드폰을 확인한다. 아무것도 오지 않았다.
핸드폰을 보다가 지우 번호를 꾹꾹 누르는데… 그만둔다.

19. 2007. 삼청동 저택 지우 방 (밤)

핸드폰을 쥐고 안절부절못하는 지우.
경도에게 아무것도 오지 않는다.
하… 깊은 한숨을 쉬는 지우.

20. 2007. 주원대학교 신방과 강의실 앞 (낮)

경도가 수업을 마치고 나온다.
저만치 지우가 기대서 있다. 눈이 마주친다.
지우, 너무 미안해서 고개만 숙이고 있다. 경도, 지우 곁으로 다가가 마주 선다.

경도 밥은 먹었어?
지우 …. (고개를 젓는다)

경도와 지우, 서로 다음 말을 못 하고 있다.

경도, 미안해하는 지우가 안쓰럽다. 지우의 손을 잡는다.

경도　　　밥 먹자.

경도가 손을 잡고 끌어가는데 지우, 움직이지 않는다. 돌아보면 지우
가 울고 있다.
경도, 지우 눈물을 닦아준다.

경도　　　가자…. 밥 먹자.
지우　　　미안해 경도야….
경도　　　지우야.
지우　　　(본다)
경도　　　나 좋아하는 건… 진짜지…?

지우, 대답 대신 경도의 품에 안겨 허리를 꽉 껴안는다.

21.　　現재. 경도 집 침실 (아침)

지우, 깊은 잠에 빠져 있다.

22.　　경도 집 현관 (아침)

소파에 웅크리고 잠들어 있는 경도.
번호 누르는 소리. 문이 열리고 경도 모가 와이셔츠 세탁한 것을 들
고 들어온다.
어… 지우의 하이힐을 본다. 그리고 거실에 펼쳐져 있는 지우 캐리
어를 본다.
경도가 소파에서 자고 있는 것을 보는 경도 모.

그대로 뒷걸음으로 물러나는 경도 모. 소리 날까 봐 문도 조심조심 열고, 조용히 닫히는 문. 잠기는 소리 삐리릭….

23.   소망세탁소 (아침)

경도 모, 세탁물을 다시 들고 돌아온다.
경도 부, 세탁물을 본다.

경도 부   왜 다시 들고 와?
경도 모   생각하니까 승질이 나서.
경도 부   뭐가?
경도 모   내가 이 나이에 아들 와이셔츠 배달까지 해야 돼?
          이제부터 지가 와서 가져가라 해!
경도 부   이 집사랑 싸웠어?

경도 모, 별말 안 하고 일을 시작한다. 얼굴빛은 걱정이 좀 지나간다.

24.   경도 집 주방 (아침)

식탁에 앉아 커피를 마시고 있는 경도, 셔츠 출근 복장이다.
방문이 조금 열리더니 지우가 어색하게 나온다. 자신의 파자마를 입은 상태다.

경도   옷은 왜 갈아입으셨어. 술 깨니까 쪽팔려?
지우   (식탁 맞은편에 앉으며) 나도 줘.

경도, 아우… 그러나 빛의 속도로 일어나 머신에서 커피를 내린다.

경도	기억은 나냐?
지우	(아침부터 시작이네…) 어.
경도	후회할 짓을 왜 하게 됐는지 생각해봐. 다 그노무 술이라고.
지우	취했다고 아무한테나 덤비겠어?

지우 앞에 커피 내주고, 자리에 앉는 경도.

| 경도 | (어이없다) 내가 아무나는 아니라 반갑다. |

자신의 커피를 마시는 경도.

지우	(커피 한 모금 후) 로맨틱했어? 나를 이렇게 안아서 침대에 눕혀준 거잖아.
경도	던졌거든.
지우	까고 있네. 기억난다, 했지!

경도, 말을 말자.

| 지우 | 나 왜 잡았어. |

인서트/
회상. 동네 작은 카페에서 경도와 지연의 대화.

지연 지우 알잖아요.
경도 …
지연 지우는 에너지가 많은 아이예요. 내가 안타까운 건, 그 에너지가 우울감으로 치우친다는 거야. 지우 이혼이 어려웠던 것도 우울증, 알콜 의존증….
아마 이 상황… 내가 치매로 백치가 될 거라는 거 지우가 알면… 지우는 아마….

경도 답답하네 진짜….
지연 내가 아픈 거, 지우가 알면 안 돼요.

경도, 지우를 본다.

경도   난 그렇게 생각해. 40대 전에, 다시 한번 정체성을 찾아야 되는 시기
라고 생각해.
근데 넌 이번에도 도망가잖아. 스물에도 갔고, 스물여덟에도.
거기가 뉴욕이든 영국이든. 목적이 있어서 가는 거면 안 잡아.
너 영국 가서 뭐 할 건데.

지우, 따분하다. 커피를 마신다.

경도   훈계질 할려구 잡았어?
경도   니가 마신 저거 좀 봐.

지우, 안 본다. 거실 탁자에 가득 쌓인 술 캔, 술병.

경도   영국에서 객사하기 딱이야 너. 가더라도 정신 좀 차리고 가라고.
지우   (경도를 본다) 고작 그딴 이유로 공항까지 뛰어 온 거야?
경도   걱정하는 거잖아.
지우   사랑이야?

경도, 못 들은 거로 한다. 재킷 챙기며.

경도   차 키 주고 갈까? 택시 부를래? 일단 집으로 들어가서/
지우   싫어. 다시 출국할 건데 그 집에 혼자 또 들어가라고?
정리하는 것도 일이고, 싫어.
경도   내 말 안 들었어? 영국 가는 게 중요한 거 아니잖아.
지우   정말 이 꼰대질하려고 날 잡았다고? 말도 안 돼.

감정이 움직인 거지. 대책은 없지만 지우를 잡아야겠다.
굳어버린 니 전두엽이 감정을 꺼내 보여준 거잖아 경도야.
어려워 내 말?

경도   아무 말 대잔치가 어렵겠어? 기가 차지.

지우   일찍 와. 나 심심해.

경도   칼퇴하니까 정신 수습해서 니 집으로 가라. 얼른.
얘기는 차차 해. 넌 정신 개조를 해야 돼.

지우는 싱긋, 나갈 생각이 없어 보인다.

25.   실외 테니스장 (낮)

강민우, 배준수(남 44세)와 테니스 치는 모습.

/쉬는 벤치, 강민우 곁에 앉는 배준수 땀을 닦는다.

강민우   (주위를 좀 살피며) 애런은 만나고 왔어?

배준수   북경에서 잠깐?

강민우   매입가 너무 낮아. 아무리 내 회사 아니지만 그 값엔 남는 것도 없어.

배준수   중국 쪽 데려올 모양이야.

강민우   중국?

배준수   아이티 회산데, 자림 사이즈 정도 의류회사 관심 있더라.
지금 값이 문제가 아니야. 시점이 중요하다고.
(답답하다) 이거 삐끗하면 너도 나도 끝이야.
너 페이퍼 회사 만든다고 300억 태운 거 후회하게 하지 마라.

강민우, 300억 언급에 불안함이 지나간다.

배준수   니 매젠가 뭔가 조진언은 제꼈고. 와이프는 언제 정리되는데?

강민우	곧이야. 길게 못 가.

강민우 핸드폰 울린다. 모르는 서울 번호. 받지 않는다.

강민우	길어야 1년? 서지연 지가 언제까지 숨길 수 있겠어.
	그야말로 여긴 어디, 나는 누구잖아. 서지연 병 터지면 금방이야.
	애런 잘 잡고 있어.
배준수	다음 달에 한국 들어온대. 조용히 한번 만나자고.

다시 울리는 핸드폰. 스킵하는 강민우.
옆 벤치에서 이어폰을 끼고 핸드폰을 보며 키득거리는 어려 보이는
오 군(남 30대 초반).

26.   서울 구치소 안 (낮)

공중전화 공간. 안다혜 전화를 건다. 받지 않는다는 음성.

안다혜	받아야 조용하게 산다 강민우⋯.

여유를 보이는 안다혜.

27.   자림어패럴 대표실 안 (낮)

지연, 소파에 앉아 별로 놀라지 않는 얼굴로 보고 듣고 있다.
맞은편, 보고하는 평범한 대학생 비주얼의 오 군.

오 군	애런이라는 사람과 진행 중이래요. 애런은 회사 사고파는 전문가고.
	배준수 말로는 애런이 중국 쪽 아이티 회사에서 자림에 관심을 보인

	다고 하고요.
지연	배준수랑은 자주 만나나요?
오 군	아니요. 주기는 대충 한 달에 한 번 정도. 오늘은 테니스장에서 만났어요.
지연	고생했어요.

탁자 위로 현금 봉투를 밀어준다. 오 군, 상큼하게 받아서 주머니에 넣는다.
꾸벅 인사하고 나간다. 지연, 책상으로 가 앉는다.
샘플 의상 시안을 보며 집중하지만, 이내 고개를 든다.

지연	내가 아파서, 넌 신났구나.

화가 나는 지연, 차분하게 참아낸다.

28.   경도 집 현관문 앞 (밤)

현관문을 보고 서 있는 경도. 번호 키 판을 보며 고요하다.
손가락을 들어 번호를 누르려다 주춤… 손가락 오므린다.
내 집인데 내 집이 아닌 거 같은 환장하는 얼굴.

29.   경도 집 거실 (밤)

경도, 문을 열고 들어온다. 오늘은 술이 보이지 않는다.
왜 조용하지, 경계하며 들어오는 경도.
안방에도 없는 지우. 간 건가? 잠시 화색이 도는데, 캐리어는 보란 듯이 떡하니.
가만히 들어보니 욕실에서 샤워하는 소리 들린다.

식탁에 과자봉지와 컵라면 용기 보인다.
경도, 가방을 두고 다시 나간다.
/샤워를 마치고 나온 지우. 문득 소파에 있는 경도의 가방을 본다.

지우   이경도 왔어?

아무 소리가 안 들린다. 여기저기 찾아보는 지우.

30.   쪽발집 안 (밤)

포장을 기다리는 경도. 지우에게 전화가 온다.

경도   족발 포장 중이야. 승질내지 말고 기다려.

툭 끊어버린다.

31.   경도 집 거실 (밤)

탁자 앞에 내려앉아 족발을 먹는 지우. 경도도 대각으로 앉아 있다.

지우   족발 살 거면 막걸리도 사 오지.
경도   콜라 마셔.
지우   당질 높아.
경도   물 마셔.
지우   야, 그래도 집에 오면, 누군가 이렇게 있는 게 따뜻하달까? 그런 느
        낌 알지?
경도   모르겠는데.
지우   휑한 거보다 좋잖아. 나 샤워하는 소리 듣고 족발도 사 오고.

경도	무슨 흐름이야? 니 샤워 소리랑 족발이 뭔 상관이야.

지우, 젓가락 탁 내려둔다.

지우	너 기자 되니까 재수 없다. 뭘 그렇게 따져?
경도	넌 너무 놀아서 핍진성이 떨어져. 현실감각이 영유아 수준?
지우	지랄…. 영유아 수준이랑 족발 앞에 두고 있는 넌 으른이고?

경도, 말을 말자. 일어난다.

지우	또 어디 가!
경도	너 니 집에 안 갈 거잖아.
지우	못 간다니까?
경도	편하게 써. 이 집이 니 집이다… 생각하고 편하게. 난 존나 불편하게 찜질방 가서 생돈 쓰고 잘게.

지우, 타격 없다.

지우	아침에 와서 옷은 갈아입고 가라. 니 나이에 이틀 입으면 냄새 나. 비 오는 날 옷 덜 마른 쉰내, 어떤 건지 알지?

경도, 부글부글. 욕실로 들어가 칫솔 하나 달랑 들고 나와 욕실 문 꽝
닫는다.
가방에서 탭 꺼내 들고 쾅쾅 걸어 나간다.

지우	전세라며! 문 고장 나면 니가 고쳐야 돼. 법이 그래!
경도	(신발 신으며) 우리 주인은 잘 고쳐줘. 사람 죽어 나간 집이라 서비 스는 퍼스트 클래스야. 퍼스트 클래스 너 좋아하잖아.

경도, 현관문 꽝 닫고 나간다. 혼자 남은 지우, 족발을 우물우물.

지우   (일어나며) 무섭잖아. 귀신은 약한데.

냉장고를 연다. 맥주와 소주가 잔뜩 있다.

지우   귀신은 (술 꺼내며) 술로 막아야지.

시원하게 따닥 맥주캔 딴다. 동시에 캔 따는 소리 하나 더 들린다.

32.   찜질방 (밤)

식혜 캔 따는 경도. 찜질방 옷을 입고 아저씨들 사이에 앉아 식혜를
마신다.
뭐 하지… 둘러본다. 탭을 열어 기사 편집본 연다.
벌러덩 누워 탭을 들고 보는데, 영 불편. 옆으로 누워 탭을 세우고 보
는데, 또 불편.
탭을 바닥에 두고 엎드려서 본다.

경도   어렵게 마련한 전셋집을… 서지우가 날로 먹고….
있는 놈이 더 무섭고….

/탭을 꼭 껴안고 웅크리고 잠이 든 경도.

33.   몽타주. 오랜 밤 오랜 낮

/경도의 넓은 침대에 웅크리고 자고 있는 지우.
돌아눕는다. 그래도 자리가 남고, 매우 편해 보인다.

지우 소리   오늘도 안 와? 개기는 거야, 내외하는 거야?

/숙직실에서 자고 일어나는 경도, 온몸이 뻐근하다.

경도 소리 짐 빼면 꼭 문자라도 주고.

/경도 집에서 배달 음식을 받고 결제하는 지우.
생맥주 배달도 함께 받는다. 대낮이다.

지우 소리 음식물 쓰레기에 벌레 생긴 거 같아.
벌레 알 까기 전에 오지 그래.

/편의점에서 양말 하나 집어서 계산대로 가다가, 잠시만….
다시 양말 코너로 가 하나 더 집어 드는 경도.

경도 소리 싱크대 왼쪽 서랍에 음식물 버리는 카드 있고요.
니가 처먹은 거 니가 치우고. 벌레 알 까면 모아서 볶아 먹어.

/무의미하게 켜놓은 경도 집 텔레비전. 골프 시합 재방송이 나오고
있다.
지우는 와인을 마시고 있다. 경도 집 사기 밥그릇에.

지우 소리 내가 나가야 들어오겠다? 진심?
경도 소리 이 정도면 주거침입이야. 너!
지우 소리 가는 사람 잡아놓고 노쇼?
경도 소리 말귀를 알아들을 나이도 됐는데. 주거 강탈자 서지우.

/회의실에서 회의 중인 경도. 한경과 두진도 있다.
경도, 팔이 결리는지 자꾸 만지작거린다.

한경 (신경 쓰여 삐릿) 오십견이세요? 경도?
경도 갱년깁니다.

피곤에 쩔어가는 경도.

/햇살이 잘 드는 경도 집 거실. 거기 소파에 웅크리고 누워 있는 지우.
점점 패기는 사라져간다.

지우   변했어. 순수함을 잃었어.

에이… 돌아눕는다. 소파 등에 시선이 막혔지만 맑은 눈을 깜박…
깜박이는 지우.
무슨 생각이 드는지, 입가에 천진하고 그리워하는 미소가 걸린다.

34.   2007. 지리멸렬 동아리방 (낮)

죄지은 듯 고개를 숙이고 있는 지우.
경도는 안절부절. 지우 곁에서 지우 손을 꼭 잡고 있다.
세영, 우식, 정민의 놀란 얼굴.

정민   자림어패럴? 그 옷 회사 엄청 큰 데 거기?
우식   그게 중요해? 이 학교 학생이 아니라잖아!
        이건 동아리 정체성이 달린 문제라고!
경도   지우가 타이밍을 놓친 거지 속이고 그런 건 아니고….
정민   이야… 준재벌이잖아 그럼? 어쩐지 돈 잘 쓰드라!
우식   이 자본주의 새끼… 돈이 문제야! 지금의 문제는/
세영   닥치고.

드디어 세영이 입을 열었다. 지우, 더 긴장한다.

지우   죄송해요….
세영   우리가 그렇게 치명적인 건가. 우리랑 어울리고 싶어서 그런 거였니?

지우	네?

경도, 지우 손을 툭 신호 준다.

지우	네. 맞아요.
세영	그렇다면 말이야. 짚고 넘어갈 게 있어.
지우	(긴장)
세영	그때 너 그 자동차 말이야, 니 친구 차라던 거. 그거 니 거니?
지우	(이 흐름 뭐지…) 네….
정민	와 차도 있어? 우리 아부지 차 장사 하는데도 난 차 없/
세영	(정민 입을 팍 막고는) 운전은 잘하고?
지우	뭐… 아직은 무사고….
세영	우리 연극을 위해서 워크샵 가야 되는 거 아닌가?
경도	지금요?
세영	왜, 딱 좋지 않아?
지우	(이제야 숨 돌리며) 워크샵은 지금이죠!
경도	야, 생각하고 말하라고 내가 몇 번을/

지우, 경도 입을 팍 치며 막는다. 아 아퍼… 경도 입을 가린다.

35.   2007. 국도 (낮)

운전하는 정민. 조수석엔 우식이 있다.
뒷자리에 경도, 세영, 지우가 앉아 있다.
신나는 음악을 틀고 달리는 지리멸렬. 세영이 끼어 앉아 지우를 볼
수 없는 경도.
경도, 기지개 켜는 척하며 세영의 머리 뒤로 지우의 머리를 쓰다듬
으려 하는데.

세영   트렁크로 갈래?

경도, 아뿔싸… 다시 팔을 들어 가지런히 무릎 위로.

36.   2007. 해변 (해질녘)

경도와 지우, 세영과 우식, 정민이 신나게 바닷가로 달려간다.
파도에 발을 담그며 종종종 즐거워하는 청춘들.

37.   2007. 민박 방 (한밤)

빈 과자봉지, 컵라면 용기, 생라면 봉지, 맥주병과 소주병이 꽤 많다.
다섯이 나란히 누워 자고 있다. 가운데 경도와 지우가 마주 보고 있다.
세 명의 숨소리와 코 고는 소리 가득한데, 경도와 지우는 서로 바라
보고 있다.
경도, 형들 눈치 보며 자세 바꾸는 척하며 지우에게 팔을 내준다.
지우도 자세 바꾸는 척하면서 경도 팔을 벤다.
경도, 지우의 머리를 꼭 안았는데 심장이 두근거리는 거 같다.
지우도 경도의 심장 소리와 숨소리에 정신이 더 또렷해지는 거 같다.
풋풋한 스무 살들은 설레어 잠을 설치고 있다.

/아침. 경도 눈을 뜬다. 옆에 지우가 보이지 않는다.
벌떡 일어나 핸드폰을 찾는다. 지우에게 전화를 건다.

38.   2007. 해변 (아침)

경도, 숨이 차도록 달려와 지우를 찾는다.

모래밭 저 안쪽에 지우가 보인다.
모래성을 쌓고는 경도에게 손을 흔들어 보이는 지우가 해맑고 싱그럽고 아름답다.

/모래성을 사이에 두고, 지우는 쭈그려 앉아 있고, 경도는 서서 헉헉 숨이 차다.

경도	혼자 여기 있으면 어떡해. 사람도 아무도 없고, 안 무서웠어?
지우	찾아봐.
경도	어?
지우	여기 안에… 500원 있을지도 모르잖아.
경도	500원?

경도, 뜬금없어 지우와 모래성을 본다.

지우	아 빨리~! 파봐.
경도	뜬금없이 500원…. (모래성 앞에 쭈그려 앉는다) 야. 우리 엄마가 늘 하시는 말씀이 있어. (모래성을 파며) 땅을 파봐라 땡전 한 푼 나오느냐. 그 말은, 땡전 한 푼 안 나온다는 얘기야.
지우	(이런 씨…) 그래도 파봐! 500원 나올 수 있잖아!

경도, 아니 왜… 투덜거리면서 열심히 파본다.

경도	손톱에 모래나 끼지 여기 뭐가 있… 어? 어!!!

모래가 묻은 500원을 들어 보이는 경도. 신기해한다.

경도	니가 숨겼네!
지우	(웃는다) 그거 뭔지 몰라?

경도	(너무나 해맑다) 500원!
지우	(에이 진짜) 아니~~! 그게 무슨 의미가 있는 500원인지 아냐고!
경도	(이리저리 본다) 구멍 난 500원?
지우	(버럭) 그거 니가 잃어버렸던 500원이잖아! 인문대 앞에서 니 친구랑 막 찾던 거 그거!!

경도, 생각한다. 아~~!! 하면서 두 눈 휘둥글 지우를 본다.

경도	니가 갖고 있었어??
지우	이제 돌려줄게. 덕분에 니가 왔으니까.

사랑스럽게 웃는 지우. 경도, 500원을 신기하게 바라본다.
그리고 지우를 사랑스럽게 바라본다.

경도	니가 가지고 있었구나…. 와 이걸… 니가 이걸 가지고 있었어. 신기하다 진짜. 와….
지우	오래오래 간직해야 돼. 꼭!

경도, 바닷물로 달려가 동전을 물에 씻는다.
지우도 경도 곁으로 달려가 동전을 본다.
경도가 두 손가락으로 집어 든 500원 동전이 햇살과 부딪혀 반짝인다.

39.   2007. 인디아고 매장 안 (낮)

경도, 약속한 원피스 앞에 서 있다. 흐뭇한 얼굴.

경도	이거 주세요!

벌써 기분이 좋은 경도.

40. 2007. 카페 안 (낮)

경도는 뭔가 대단한 일을 한 듯 뿌듯하게 앉아 있다.
지우, 유치한 비닐 포장지를 뜯고 있다. 뭐지….
보면, 인디아고 원피스다.

지우 야… 이건 우리 아빠… 아니 왜 힘들게 알바한 걸….
경도 약속은 약속이지. 니네 아빠 회사 옷 이쁜 거 같아.
    이왕 사는 거, 아빠 회사 거 사면 일석이조잖아!

지우, 진심으로 고마워한다.

지우 그래. 잘 입을게! 너무 이쁘다.

경도, 너무 흐뭇하다.

경도 그리고 이거.

경도, 탁자에 자그마한 회중시계 올려둔다. 지우, 뭐지…? 열어본다.
시계 대신에 500원이 들어 있다. 어쩜 사이즈도 딱 맞는다.

지우 경도야…. (감동감동)
경도 선물이야. 500원으로 만난 시간… 잊지 말라고.
지우 (감격해서 회중시계 안 동전 보며) 너무 이쁘다…. 진짜 이뻐!

소중해하는 지우를 보며 가슴이 벅찬 경도.

41.   현재. 동운일보 로비 (밤)

경도 퇴근하며 나온다. 오늘은 어딜 가나… 피곤한 얼굴이다.
한경과 두진도 함께 퇴근 중이다.

두진   차장 요즘 무슨 일 있어요? 하루하루 노쇠해. 썩어가는 느낌이랄까.
한경   갱년기라잖아.
두진   어…!

경도, 왜, 두진의 시선을 따라가면. 지우가 캐리어를 곁에 두고 팔짱
을 끼고 서 있다.
식!겁!하는 경도. 마 기자, 경도 어깨를 휘감으며 등장.

마 기자   곱창에 콜라 한잔하자! (하다가) 와우~

한경, 경도를 본다. 경도, 서 있는 지우를 보고 있다.

인서트/
스물여덟의 지우. 작은 캐리어를 곁에 두고 로비에 서 있다.
잔뜩 겁먹은 초조한 지우의 얼굴. 희미하게 자신 없게 미소를 지어
보이는 지우….

/경도, 정신을 차린다.
경도, 다다다 지우 앞으로 간다. 지우 캐리어 잡고 얼른 나가려고 한다.
하지만 지우가 캐리어 탁! 잡는다.

지우   가스 밸브 잠궜고.
경도   (이 흐름 뭘까, 본다)
지우   청소기도 돌렸어.
경도   (아 엿 먹이겠다는 거였니) 땡큐.

지우	세탁기는 못 돌렸어. 내가 입은 건 니 티셔츠 하난데, 그거 하나 돌리는 건 물 낭비 세제 낭비잖아.
경도	지구도 생각하시고.
지우	아, 나 속옷이 모자라서 니 팬티 하나 입었어. 그건 손빨래 해뒀다.
경도	버리지 그랬어.
지우	애틋한 동거였어. 간다.

지우, 휑 돌아서 캐리어 끌고 또각또각 로비를 나선다.
경도 곁으로 다다다 달려온 두진과 마 기자.
한경도 천천히 다가온다. 이건 무슨 상황인가… 못마땅하다.

경도	질문하지 마.
두진	형네 집 청소기를 왜 돌렸을까?
마 기자	니 빤스는 왜 입었을까?
한경	애틋하다….

한경, 아이구… 로비를 나선다. 경도, 참패다.

42.   경도 집 거실 (밤)

경도, 전의상실 망연자실 뭔가를 보고 있다.

지우 소리	아, 재활용은 못 버렸어.

보면, 빈 맥주캔이 거실 탁자에 종이컵 쌓기 놀이처럼 가득….
정말 어마무시 높이 쌓여 있다. 탁자 밑으로는 와인병과 소주병을
줄지어 예쁘게.

경도	저 정성이면. 분리수거쯤 껌이잖아, 서지우.

아우 씨발… 울 거 같은 경도.

43.   경도 집 앞 (밤)

커다란 비닐봉지에 맥주캔 가득 담겨 있다. 병을 분리수거해 넣는 경도. 맥주캔 하나 하나 꺼내서 와작… 찌그러트리는 경도. 살기가 느껴진다.

경도   미친 새끼… 미친 똘아이… 넌 미친 새끼 맞아.

이때, 경도의 등짝을 팍!

경도   아!

돌아보면 경도 모 사색이 되어 있다. 김치통 들고 있다.

경도   아 엄마… 깜짝이야.

경도 모   너 저거 다 뭐야.

경도   내가 마신 거 아니야.

경도 모   그럼 뭔데 저게. 너 또 술 마셔?

경도   아니라니까… (엄마 입에 후~) 아니지?

경도 모   고물상 내다 파니? 돈 없어?

경도   (아 환장) 친구가. 술을 너무 마셔서 내가 다 버리고 치워주는 거야.

경도 모   니 친구는, 지가 마신 거 치우지도 않고 가!

경도   의심할 만한 거 인정. 근데 나 억울하다. 너무 억울해.

경도 모   난 두 번은 그 꼴 못 본다. 알어?

경도   와… 의심하지 말라 그런 건 성경에 없어? 아니 엄만 가게를 왜 이 길로 다녀?

경도 모   감시하느라 그런다, 이놈아.

경도 모, 째려보고 가던 길 간다.

경도   엄마 안녕~!! 진짜루 내가 마신 거 아니야~!!

엄마 손만 올려 오케이 보여주고 종종종 가버린다.
엄마 뒷모습을 아련하게 한참을 보는 경도.

44.   지우 집 거실 (밤)

거실에 덩그러니 있는 캐리어.
지우, 옷도 갈아입지 않고 소파에 누워 텔레비전을 보고 있다.
예능이 나오고 있다. 그러나 지우는 하나도 재밌지 않다.
지우, 일어나 주방으로 가 냉장고를 연다. 아무것도 없다.
싱크대장을 열어 위스키를 꺼낸다. 잔 하나와 술을 들고 다시 소파로.
위스키를 따라서 마신다. 쓰다.

45.   경도 집 거실 (밤)

경도, 편한 복장으로 텔레비전을 보고 있다. 야구 경기.
경도도 눈동자는 텔레비전을 받아 안지 못하고 있다.

46.   나무미술학원 안 (낮)

아이들이 하원하고 정리하는 세영. 지우가 돕는다.

세영   그렇게 티격태격 싸울 거면 왜 붙어 있어?
지우   그 인간이 시비를 걸어. 애가 나이 먹더니 배배 꼬였어.

세영, 아이고… 의자에 앉는다. 지우도 앉는다.

세영	그래서. 이젠 짐 뺐어?
지우	어.
세영	영국은. 다시 갈 거야?
지우	어.
세영	그냥 여기 있지 그래….
지우	언니도 내가 여기 있으면 좋겠어?
세영	좋지. 이렇게 얼굴도 보고 좋지.
지우	경도도 그래서 붙잡은 걸까?
세영	미우면 잡았겠냐?
지우	근데 왜 덮쳐도 안 넘어와?
세영	!!! 덮쳤어?
지우	한번 트라이해봤어. 얘는 어떤가… 내가 여전히…. 장난쳐봤어.

FB (S#20)/ 경도 집 거실.
경도 몸 위에 엎어져 있는 지우. 경도가 머리를 쓰다듬는다.
눈을 뜬 지우. 경도의 손길이 좋다. 모른 척 눈을 감는다. 입가에 편
안한 미소.

세영	니들은 논문을 한번 써봐야 돼. 희한해 하여튼.
	경도도 안 들어오는데, 거기서 뭐 하고 놀았어.
지우	술 마시고 놀았지.
세영	…!!
지우	경도는 이제 술 안 마시나 봐. 나한테 넘어올까 봐 정신 챙긴 건가?
세영	경돈 술 안 마셔….
지우	왜? 간이 안 좋은가?

세영, 어쩔까… 생각하다가.

세영	지우야. 경도 만나면⋯ 술은 마시지 마⋯.
지우	⋯? (이상하다)
세영	경도. (한숨)
지우	(심각해진다) 뭐 있구나.
세영	(지우를 차분하게 본다) 알콜릭 치료⋯ 오래 받았어. 꽤 오래 입원했었어. 회사도 짤릴 뻔하고⋯.

놀란 입술이 다물어지지 않는 지우. 손이 떨린다.

지우	언제⋯? 언제 그랬어!
세영	⋯. 그때⋯ 너 떠나고.

어쩔 줄 몰라 굳어버리는 지우. 눈에는 눈물이 점점 차오른다.

세영	경도가 말하지 말라고는 했는데. 지우야 술은⋯ 경도랑 술은⋯.

지우, 덜덜 떨리는 다리로 일어난다. 학원을 나선다.

세영	지우야!!!

지우, 괜찮다고 손을 들어 보인다. 그대로 학원을 나선다.

47. 경도 집 앞 (밤)

지우의 자동차 보인다. 자동차 안 지우는 울지 않는다.
가만히 앉아 한참을 생각한다.

경도가 러닝하며 달려온다. 운동복 차림이다.
지우가 자동차에서 내린다. 지우를 발견하고 멈춰 서는 경도.

왜 또 왔지…. 숨차하며 지우를 보는 경도.

48.　　공원 벤치 (밤)

경도, 벤치에 앉아 있다. 운동복 주머니에 손을 넣은 채 다리만 달달달.
무슨 얘길 하려는 건지 불안하다.
지우, 경도 앞을 왔다 갔다 하다가, 경도 앞에 선다.

지우　　착한 게 아니야, 넌 모자란 거야. 모자란 놈이 미치면 답도 없어.

경도, 왜 이래… 일어나서 킁킁 냄새 맡아본다.

경도　　술 마셨냐?
지우　　대가리 치워.
경도　　(슬쩍 물러나며) 왜 이래? 뭔데?
지우　　야 이경도.

안타까움과 깊은 슬픔을 숨기려 애쓰는 지우.

지우　　술, 술, 술!! 왜 그렇게 지랄하나 했어.
경도　　(불안하다. 뭘 아는 걸까)
지우　　알콜 중독! 영화에서나 나오는 거, 그걸! 그걸 니가 왜….

미안함이 분노로 포장되어 터질 거 같은 지우.
경도, 아찔하다. 어떻게 달래나, 설명하나…

경도　　별것도 아닌 거 가지고 호들갑이야.
지우　　별게 아니야? 어! 병원에 입원까지 해서, 직장도 짤릴 뻔한 게, 별게
　　　　아니야!!!

경도   (버럭) 어쩌라고 그럼!!!

적막…. 지우, 손이 떨린다.

경도   (버럭 해놓고 안타깝다) 그냥 그렇게 됐어. 마시다 보니까 매일 마
            셨어. 순식간이더라. 그래서 너도 그 꼴 날까 봐 그만 마시라는 거야.
            다 지나간 일이야. 그렇게 열받아 할 것도 없어.

지우   왜 마셨어.

경도   몰라. 기억도 안 나.

지우   왜 그렇게 퍼마셨어.

경도   (답답하다) 무슨 대답이 듣고 싶은데.

경도도 이제 감정이 올라온다. 그날들이 생각이 난다.

지우   나 때문이잖아.

경도, 아휴… 대답을 찾는다.

경도   뭘 누구 때문이야, 그냥 술이 좋았던 거지.

지우   넌, 너는 조금도 내 탓을 안 해. 그게 더 짜증나.
            누가 봐도 내가 쌍년인데 그냥 술이 좋았다고?

경도   답답해서 마셨어 답답해서. 걸어도 보고! 뛰어도 보고! 별 지랄을 다
            해도 모르겠어서 마셨어, 됐어!

경도, 한 번 열린 지난날의 기억과 지금의 감정으로 흔들린다.

경도   모르겠어 니가 왜 그렇게 가버렸는지! 그때도 지금도 모르겠다고.

경도, 참고 참았던 눈물이 차오른다.

인서트/

경도의 옛날 원룸. 방 크기에 비해 크게 차지한 퀸사이즈 새 매트리스. 비닐도 벗기지 않은 매트리스에 걸터앉아 눈물을 툭툭… 떨어뜨리고 있는 스물여덟 경도.
결국엔 어깨가 흔들리도록 울고 있다.

/경도, 결국 터진다.

경도 (눈물이) 그렇게 갈 거였으면 오지도 말았어야지 이… 이… 나쁜 새 끼야!!!!

경도, 욕을 했다. 세상에서 제일 슬픈 욕을 했다.
지우, 경도의 경직된 몸부림이 많이 아프다. 서글프게 마주 보는 두 사람.

49. 세영 집 거실 (밤)

담담한 세영. 그러나 쎄함이 있다. 우식은 눈치를 보고 있다.

세영 지우랑 경도, 괜찮을까…. 몰라! 난 할 말을 했어.
지우도 알아야지, 경도 앞에서 술타령 못 하지.
우식 말했어? 지우한테?

고개를 끄덕이는 세영. 우식, 어허… 생각이 많아진다.

50. 공원 벤치 (밤)

지우, 한바탕 감정 소동을 한 후, 기운이 없는 듯.

지우는 벤치에 앉아 있고, 경도 곁에 서서 후… 착잡하다.

지우   어지럽다. 나쁜 새끼 소리 들으니까 기 빨린다.

경도   나쁜 새끼…는, 미안하다.

지우   퉁 치자. 따지기도 피곤해.

경도, 차분하다. 곁에 앉아 지우를 본다. 지우, 경도와 눈이 마주친다.

지우   그런 눈깔로 보지 마. 답답해.

경도   그런 눈깔이 어떤 눈깔인데.

지우   몰라. 모르겠으니까 답답해. 어쩌라는 눈깔이냐고.

경도   피차 정신 차리고 잘 살자는 눈깔이다.

잠시 말이 없는 두 사람.

지우   …. 힘들었어? 치료받을 때, 힘들었지.

경도   (먼 일이다) 어.

지우   하…. 얼마나 마시면 병원엘 들어가니.

경도   너도 계속 그렇게 마셔대면 방법 없어. 그만 마셔.

지우   그럴 거야. 그러니까 너도 이제/

경도   지우야.

지우   (본다)

경도   우리가 만난 게… 따져보면 채 1년이 안 되더라.
             근데 나는, 내가 물러서 그런 건지… 나는… 나는 해결이 안 됐나 봐.
             니가 정리가 안 되더라고.

지우   (지우도 먼 곳을 바라본다)

경도   지나간 일들이야. 너무 욱해서 민망하다 야.

지우, 일어난다.

경도	밥은 먹었어?
지우	응.
경도	가자. 데려다줄게.
지우	됐어.
경도	정신 좀 차렸냐? (웃는다)

말없이 걷는 지우. 경도도 곁에 걷는다.

지우	있잖아, 경도야.
경도	….
지우	그때 내가… 아주 많이…. (말을 꺼내기 어렵다) 널 떠난 게 아니라, 내가 죽어야겠다 나선 거야. 근데 죽는 건 진짜… 무섭더라고.

경도, 뒤늦게 답답함과 속상함이 올라온다.
한참 생각 후, 지우를 잡아 세운다.

경도	그 집에 퇴근하면 니가 있었던 게 꿈꾸는 거 같았어. 사정이야 다 있었겠지만, 그래도 너, 너 나 보고 갔어야 했어.

지우, 대답하지 못한다.

지우	부탁이 있어.
경도	….
지우	내 걱정하지 마. 요 며칠 장난쳐서 미안해. 이제 나… 정신 차렸어. 이젠 사랑도 아니고, 우정으로 하기에도 내가 너무 쌍년이고. 너도 이젠… 잘… 잘 살아.

지우, 성큼성큼 가버린다. 잡지 못하고 우두커니 서 있는 경도.
지우가 쏟아낸 말이 아프다.

51.   편의점 안 (밤)

지우, 맥주가 진열된 냉장고 앞에 서 있다.
한참을 서 있다가 돌아서 나간다.

52.   경도 집 거실 (밤)

멍하게 앉아서 다리를 달달달 떨고 있는 경도.

FB (S#50)/ 공원 벤치.
지우 이젠 사랑도 아니고, 우정으로 하기에도 내가 너무 썅년이고.

떨던 다리 멈춘다.

경도   술도 끊고. 욕도 좀 끊어라 이 여자…. 서지우야….

하…. 소파에 고개를 젖히고 젠장… 쉽게 정리되지 않는 생각들.

53.   지우 집 거실 (밤)

지우 얼굴이 불편함, 분노, 복잡함으로 굳어 있다.
보면, 지우 모가 맞은편 소파에 앉아 있다.

지우 모   잘 생각했어. 차분하게 회사 일 배워.
지우   티켓 다시 예약했어. 곧 나가.
지우 모   (답답한 얼굴) 역마살이니!! 왜 그렇게 밖으로만 돌아!
떠들썩하게 이혼했으면 다음이 있어야 할 거 아냐, 다음이!
지우   다음이… 회사에 들어가 내 자리 찾아 먹는 거야?

지우 모	니 처지가 어떤지 몰라?
지우	알지. 너무 잘 알지.

지우 모, 지우가 어디까지 아는 걸까 주춤.

지우	하… 모른 척해주는 것도 기운이 있어야 하지.
	내가 엄마 보험이야?
지우 모	니가 보험 될 만한 뭐라도 하고 사니?
지우	지분 1도 없는, 혼외자, 서지우.

지우 모, 엄청나게 놀란다. 어쩔 줄 몰라 한다.

지우 모	너… 언제부터 알았어.
지우	스물여덟. 내가 아빠 딸이 아니라 엄마가 바람나서/
지우 모	입 닥쳐. 가증스럽게 모른 척하고 살았다는 거니?
지우	가증? 미치겠네…. 엄마. 아빠가 왜 그렇게 날 금이야 옥이야 했을까?
	보기만 해도 싫었을 텐데. 불쌍해서 그랬나 봐.
	엄마가 나를 벌레 보듯 하니까 어린애가 무슨 죄가 있나 불쌍해서!!
지우 모	다음에 다시 얘기해.
지우	엄마 다시 안 보려고. 나 회사 안 나가. 누구 좋으라고 나가.
	회사 2년 이상 재직 시 지분 준다는 아빠 유언? 난 관심 없어.
	언제는 한국에 들어오지 말라고 난리더니, 이젠 회사 들어가서 지분
	챙기라고? 난 엄마 보험 안 될 거라고!!!

지우 모, 핸드백 들고 일어난다.

지우 모	혹시.
지우	….
지우 모	언니 알아?

지우, 더 무너진다. 고작….

지우	사과 안 해? 나한테?
지우 모	너 어떻게 알았어.
지우	(미칠 거 같다) 언니가 알려줬어.
지우 모	!!!!! (손이 덜덜덜)
지우	무서워? 이제야 무서워?

지우 모, 대답 없이, 지우에게 위로 한마디 없이 나가버린다.
지우, 씨발… 무너진다.

54.　　경도 집 침실 (밤)

경도, 뒤척인다. 영 잠이 오지 않는다. 세영에게 전화가 온다.
뭔가 불안한 경도, 얼른 받는다.

경도	어 누나.
세영 소리	경도야… 내가 오늘 아무래도… 지우가 충격받고 그런 거 같아서. 지우 집에 와봤거든.
경도	(벌떡 일어난다) 근데.
세영 소리	핸드폰은 울리는데… 문을 안 열어.

경도, 사색이 되어 침대에서 뛰쳐나온다.

55.　　지우 집 앞 (밤)

경도와 세영, 초인종을 눌러본다. 답이 없다. 세영은 동시에 지우 번호로 전화.

미세하게 들리는 벨 소리. 경도 초조하다. 경도, 검색해서 전화를 건다.

경도   아 네, 저희 집 문이 잠겨서요. 빨리 좀 와주세요!
       주소가요, 네? 아 네네. 문자 넣을게요. 사장님 빨리 와주세요, 빨리!

       경도, 문자를 보낸다. 애가 타서 초조한 경도.

56.   지우 집 안 (밤)

       경도와 세영, 초조하게 들어서는데. 탁자에 술병들과 약통이 흐트러
       져 있다.
       지우는 소파 아래 쓰러져 있다.

경도   지우야!!!!

       경도, 신발도 못 벗고 달려 들어간다.
       지우, 정신을 잃은 채 뻗어 있다. 놀라서 지우를 안아 소리치는 경도.

경도   정신 차려 서지우!!!

       새파랗게 질린 경도 얼굴에서 엔딩.

                                                              엔딩.

57.   에필로그. 2007. 경도 집 경도 방 (밤)

       경도, 회중시계 안 시계를 분리시켜놨다.
       빈 공간을 아크릴 물감으로 색칠. 후후 불어 말린 후 500원을 넣어

본다. 사이즈가 딱 맞다. 싱글벙글인 경도.
덜어낸 시계 본체에 박혀 있는 글자 '행복 가득 설악산'.

경도 모 소리   여보! 내가 사 온 거, 시계 못 봤어?

　　　　　　경도, 앗…. 긴장.

경도 부 소리   뭔 시계…?
경도 모 소리   아니 일전에 부녀회에서 설악산 갔다가 하나 사 왔거든.
　　　　　　당신 줄라고 산 건데 얻다 뒀는지 모르겠네…? 경도야!!

　　　　　　경도, 얼른 모든 것을 책으로 덮어버리고 공부 모드로 돌입한다.
　　　　　　문이 열리고 경도 모가 얼굴을 내민다.

경도 모   너 요만한 거, 동그란 거 못 봤어? 그거 열면 안에 시계 있구.
경도   　요만한 거? 동그란 거?
경도 모   어. 봤어?
경도   　그렇게 생긴 시계가 있어?
경도 모   책 좀 읽어라. 『크리스마스 선물』 동화책에 나오는 시계 있잖아!
　　　　이렇게 양복 안에다가 넣어 가지구 다니구 그런 거.
경도   　아~~ 여자는 머리카락 잘라서 시곗줄 사구! 맞지?
경도 모   아 봤어 못 봤어!!
경도   　못 봤는데.
경도 모   희한하네…. 좀도둑 놈이 훔쳐 간 거야 뭐야…?

　　　　　　경도 모, 문을 닫고 나간다. 경도, 휴… 책을 살짝 들어서 회중시계를
　　　　　　본다. 500원 회중시계 클로즈업.

4부

1.   쫑합병원 응급실 앞 (밤)

경도가 지우를 업고 달려 들어간다.
세영이 곁에서 함께 달린다.

2.   쫑합병원 응급실 복도 (밤)

경도, 초조하게 서성인다. 걱정이 깊은 얼굴이다.

3.   쫑합병원 응급실 안 (새벽)

베드에서 잠든 지우가 깬다. 세영이 애가 탄다.

세영   야, 정신 들어?
지우   (두리번, 힘이 없는) 나 왜 여깄어.
세영   (하… 안도, 그러나 낮은 버럭) 너 왜…! 너 왜 그랬어.
지우   (상황 파악이 안 되는) 언니… 어떻게 여깄어, 우리 왜….
세영   경도가 너 업고 왔어.

하… 기운이 다 빠지는 지우.

세영   지우야. 나 동원이가 열이 나서 가봐야 될 거 같아.
        경도 있으니까… 치료 다 받고 가, 알았지?
지우   미안해 언니. 얼른 가… 미안해.

| 세영 | 미안은 무슨….

걱정이 되는 세영, 복잡한 지우.

4.　　지우 집 근처 (새벽)

지우 집 앞으로 들어오는 경도 자동차.

| 지우 소리 | 여기서 내려줘.

5.　　경도 자동차 안 (새벽)

경도, 정차 후 지우를 돌아본다. 창백한 지우.

| 경도 | 걸을 수 있겠어?
| 지우 | 어.

경도, 답답하고 불안하고. 앞만 본다. 지우, 내리려고 하는데.

| 경도 | 서지우. 아니… 왜 술이랑 약을 먹어…. 무슨 생각을 한 거야 너~! 세영 누나 아니었으면 너, 어! 너 골로 갈 뻔한 거 아냐!!

지우, 귀를 툭툭 턴다.

| 지우 | 나이 처먹더니 데시벨만 높아졌나, 쯧.
| 경도 | (꾹 참고) 그래, 약. 약은 왜 먹었어.
| 지우 | 엄마가 왔었거든. 나 엄마 안 좋아해서. 열 좀 터지고 그래서.

FB (2부 S#53)/ 동네 작은 카페 안.
지연 우리 엄마가 좋은 엄마가 아니에요.

경도, 뒤돌아본다. 갈 곳 잃은 아이 같은 처연한 지우의 눈동자. 차창
밖을 본다.

지우	죽으려고 약 먹은 거 아니니까 오바하지 마.
경도	오바… 그래 내가 오바해서 들쳐 업고 뛰었지.
지우	잠이 안 왔어. 수면제 먹어도 잠이 안 오잖아. 그래서 또 먹고.
	잠이 또 안 와서. 그래서 그렇게 됐어.
경도	진짜야? 진짜 취기에 그랬다고?
지우	(이쯤 되니 열받는) 몇 번을 말해 이경도 새끼야!
	기운 딸려 죽겠구만, 쉴 틈 없이 들들 볶아….
경도	(아오… 앞을 본다) 이경도 새끼, 한가한 새끼, 뭐 한다고 씨(발)….
지우	가.

지우, 내린다. 경도, 어이없고 열받고 약 오른다. 씨….

6.   지우 집 거실 (새벽)

소파에 널브러지는 지우. 힘들고 지치고 서글프다.
초인종 소리. 모니터 보면, 경도다.

지우	미친놈….

계속 울리는 초인종. 할 수 없이 문 열어주면 경도 들이닥친다.

지우	야.

경도, 말도 없이 거실과 주방을 다 뒤져 술을 모은다.

지우 야!
경도 술 처마시고 수면제 과다복용, 광고하냐? 내가 기사 써줘? 조용히
      좀 해.

술을 싱크대 볼에 죄다 비워버리는 경도.

경도 인간이 술을 처마시면 모자라지거든. 적당히 마시면 좋다?
      적당히 안 되는 종자들이 있어. 서지우, 이경도 이런 애들.
      이천십팔! 넌 대마초 파티에 니가 왜 갔겠어. 담배도 못 하는 게.
      술 처마셔서 어딜 휩쓸려 가는지 모르거든.
      니가 흡연자였어 봐. 넌 골로 갔어. 이노무 술이 없어야 안 마시지,
      수면제를 몇 알을 삼키는지 감도 없을 지경이면 그게 미친놈이지!

지우, 경도 속사포에 기가 빨린다.

지우 너 뭐 내 기사 스크랩해? 패션쇼 셀럽 갔다가 껌 튀어 나간 건 어떤
      데, 왜 줄줄줄 꿰고 지랄이냐고!
경도 (술병 비닐봉지에 넣다가) 또 술 사다 놔봐. 내가 또 와서 다 버릴 거니까!
지우 니가 뭔데, 너 뭐 되는데!
경도 뭐 되긴 뭐 돼! 인류애 몰라?
지우 (하…) 가. 내가 술을 마시든 약을 처먹든 넌 관심 *끄고* 살아 좀!

지우, 지친 듯 소파로 가 털썩 앉는다.

경도 (버럭) 그럼 술 좀 마시지 마 좀!!!

정적. 경도, 지우 앞에 앉는다.

경도	그거… 되게 힘든 거 알아. 내가 젤 잘 알지.
지우	(슬프다)
경도	그래도 더 마시면 안 돼. 아주 많이 힘들다고….
	지금 노력하는 게 백배 천배 나아. 알아들어?
지우	알아들어, 알아듣는다고! 가 좀!

눈빛으로 죽일 거 같은 지우. 경도, 일단 후퇴한다.

경도	푹 자고, 죽 시켜 먹어. 위세척해서 아무거나 먹으면 안 돼.
지우	아우 지겨워…. 남은 술이 다 깬다.

지우, 일어나 침실로 들어가 문을 닫는다.

경도	꼭 죽을 먹어야 돼! 죽!!

경도, 병이 든 봉지를 본다. 약통도 본다. 아휴…. 깊은숨을 내쉬며
고개를 돌리는 경도.
소파에 놓인 오렌지색 쿠션을 본다. 오렌지 쿠션에서.

7.   2007. 카페 안 (낮)

오렌지 원피스를 입고 방긋 웃고 앉아 있는 지우. 잘 어울린다.
뿌듯한 경도.

경도	거봐, 너 잘 어울릴 거라 그랬잖아.
지우	난 뭘 입어도 잘 어울려.
경도	그건 그런데 이게 특히 잘 어울려.
지우	나 이거 입다가 울컥했어.
경도	내 사랑이 막 느껴졌지?

지우	니 뻥이 친 게 느껴졌어. 접시 나른다고 얼마나 뻥이 쳤겠어….
경도	(아 놔…) 뻥이 치다 말고 고생하다, 그런 단어도 좋잖아?
지우	됐고, 일어나. 갈 데 있어.
경도	어딜?

8. 2007. 고급 옷 매장 안 (낮)

티셔츠를 경도 몸에 대보는 지우. 경도는 어색해한다.

지우	그래~! 컬러 딱 맞을 줄 알았어, 너무 이쁘다!
경도	이럼 내 선물이 빛이 바랜다고. 기브 앤 테이크냐고.

지우, 이씨… 경도를 노려본다. 그만해라…

경도	알았어, 알았어. 주고받고, 아주 좋아.

이제야 씩 웃는 지우.

(점프)
티셔츠 택을 찍는 여점원.

여점원	32만 2천 원입니다.

경도, 뭐? 놀란 눈빛. 지우, 카드를 건넨다.

여점원	개월 수는 어떻게 할까요?
지우	일시불이요. (경도 돌아보며 싱긋) 우리 커플룩 같다. 이거 원피스 색이랑 맞잖아, 그치?
경도	어? 어….

경도, 카드 긁히는 것을 본다. 좀 괴리감이 느껴진다.

9.   2007. 경도 집 거실 (밤)

경도가 쇼핑백을 들고 들어온다.

경도   다녀왔습니다!

보면, 경도 모 부업 수첩을 보며 계산기 두드리고 있다.

경도 모   저녁은.
경도   먹었어.
경도 모   잘했으~!!! (계산기 보며) 야… 이달은 겨우 삼십만 원 맞췄네.

경도, 뭔가 씁쓸하게 쇼핑백을 본다. 경도 모 왜 저래 경도를 본다.

경도 모   발 씻어. 썩은내 나.
경도   어….

경도, 어깨가 처져서 방 안으로 들어간다.

10.   2007. 삼청동 저택 지우 방 (밤)

핸드폰만 바라보는 지우. 계속 확인한다. 경도 연락을 기다리는 거 같다.
경도 핸드폰에 문자를 남긴다.

지우   이경도 전화해라. 죽는다, 너 진짜.

11.   2007. 주원대학교 소강당 안 (낮)

세영과 우식, 정민, 그리고 경도. 열심히 무대를 만들고 있다.
목장갑 끼고 각목에 못을 박아 무대를 세우느라 여념이 없다.
경도의 핸드폰이 울린다. 지우인 거 같은데 그냥 무시한다.

경도   저 화장실 좀 다녀올게요.

경도의 나가는 모습을 보던 세 사람 좀 석연치 않다.

정민   이별 필이지?
우식   경도가… 빡센가 좀?

세영, 흠… 경도가 나간 문만 바라본다.

12.   2007. 경도 집 버스 정류장 (밤)

지우가 이어폰으로 음악을 들으며 경도를 기다린다.
버스가 두어 대 가고, 드디어 경도가 탄 버스가 온다.
경도가 보인다. 지우, 기분 좋게 일어나 경도에게 손을 흔든다.
경도가 내리자 달려가 경도의 팔짱을 끼는 지우.

경도   내가 니네 동네로 간다니까….
지우   피곤하잖아. 너 오늘 무대 만들었다며? 잘 만들었어?
        나도 가봐야지~!

팔짱을 끼고 나란히 가는 지우와 경도.

13.   2007. 경도 집 근처 상가 길 (밤)

지우, 떡볶이집 앞에 선다.

지우   먹고 가자. 나 저녁 못 먹었어.

경도, 떡볶이집을 본다. 작고 허름하다.
건너편 돈까스집을 보는 경도.

경도   저기 돈까스 맛있어.
지우   나 떡볶이 먹고 싶은데.
경도   돈까스 먹어. 우리 동네니까 내가 사 줄게.

지우, 뭔가 예전 같지 않은 불편함. 말을 아끼며 잠시 서 있는 지우.

경도   떡볶이 되게 좋아해. 가자.

지우를 데리고 분식집 안으로 들어가는 경도.

14.   2007. 떡볶이집 안 (밤)

지우가 잘 먹지 못한다. 경도도 마찬가지다.

경도   맛없어…?
지우   아니.
경도   배고프다며… 왜 못 먹어. 그냥 나갈래? 돈까스….
지우   왜 그래 너?
경도   어?
지우   나 원래 떡볶이 좋아하는 거 알잖아.

	그래서 우리 하루에 두 끼도 먹은 적 있잖아.
경도	…. 근데.
지우	갑자기 왜 잘 먹지도 않는 돈까스 먹자고 하냐고.
경도	그냥… 다른 거 먹어보는 것도 좋잖아….
지우	내가 자림어패럴 딸이니까, 갑자기 분식 먹는 게 불편해? 경도야?

지우, 도전적인 눈빛으로 경도를 본다.

경도	…. (고개 숙이고 있다가) 그니까 내가 압구정으로 간다고 했잖아. 우리 동네는….
지우	여기가 학교 근처보다 번화간데 왜.
경도	내 말은….
지우	왜, 내 수준 맞춰주고 싶어서?

경도, 화가 난다. 더 말 않고 일어나서 나간다.

15. 2007. 경도 집 근처 길 (밤)

걸어가는 경도. 지우가 달려와 경도를 거칠게 잡아당겨 세운다.

경도	어쩌라고 그럼!!!
지우	(당황과 분노)
경도	내 입장은 생각 안 해? 내 주위엔 다 나 같은… 우리 집 같은. (하씨…) 이게 지금 나는, 엄두도 안… (삼키려 해도) 지우야. 나도 좀 적응할 시간을 주면 좋잖아.
지우	적응? 사람이… 사람을 만나는데… 적응이 필요하고 그런 거야?
경도	내가 아직 어려서 잘 모르나 봐. 아님, 가난해서 모르든가.
지우	너 이렇게 삐뚤게 할 거야! 점점 왜 그래 너?
경도	지우야.

지우	….
경도	그냥… 우리 동네 왔으니까. 우리 동네서 그나마 괜찮은 돈까스 하나 사 주고 싶어 하는 게, 그게… 이렇게 불편할 일이냐?
지우	난 떡볶이 먹고 싶다고. 원래 좋아한다고!
경도	난 돈까스 사 주고 싶었다고. 학교에서부터 생각했고. 형들한테 돈도 빌려 왔다고! 그냥 좀 씨… 좀 먹어주고 가오 좀 세워주면 안 돼??!!

경도가 언성이 높아진 것에 지우가 놀란다. 이런 경도의 모습 처음이다.
경도, 이런 자기 모습이 실망스럽다.

경도	아 씨발 진짜…. (숨을 가다듬고) 미안해. 나도 뭐가 뭔지 잘 몰라서 그래.
지우	어떤 게. 뭐가 그렇게 어려운데!
경도	…. (급기야) 니가 사준 티셔츠 왜 잘 안 입냐고? 32만 2천 원, 그거, 우리 엄마 한 달 부업하면 받는 돈이야.
지우	…!!
경도	내가 있지 어. (입이 마른다. 슬프다) 나도 내가… 이러면 안 되는데! 우리 부모님이 열심히 사는 게 되게… 되게 자연스러운 거였거든. 근데. (후…) 널 만나고부터 있지. 그 자연스러운 일들이… 다르게 보여.

경도의 눈이 너무나 슬프고 고통스러워 보인다.
그런 눈을 바라보는 지우도 깊은 슬픔이 들어온다.

경도	미안해. 니 잘못 아닌데 내가….

지우가 운다. 눈물이 툭툭 떨어진다. 고개를 숙인 지우가 많이 운다.
경도, 아씨… 그런 자신이 너무 밉다. 지우에게 다가서는데, 지우 한

발 물러난다.

지우	미안해.
경도	아니, 내가, 내가 미안해⋯.
지우	경도야. 내가 정말 미안해. (진심이다)
	내가⋯ 32만 2천 원 티셔츠 사 줘서 너무너무 미안해.
경도	서지우!
지우	진심이야. 내가 너무⋯ 니 생각 못 하고⋯.
	(슬픈 눈으로 경도 보며) 너무너무 미안해 경도야.

지우, 눈물이 툭툭 떨어진다. 슥슥 닦아도 눈물이 멈추지 않는다.

지우	(차분하고 슬픈, 하지만 웃는) 나중에 다시 얘기하자. 오늘은 갈게.
경도	지우야⋯!!

지우, 슬퍼서 택시를 세워 타고 간다.
멀어지는 택시를 바라보는 경도. 순식간에 벌어진 일들.
경도도 마음이 너무 아파서 하⋯ 자리에 쭈그리고 앉아 고개를 숙이
고 움직이지 못한다.

16.   2007. 몽타주

/침대에 누워 앓고 있는 지우. 일하는 이모가 죽을 들고 들어온다.
지우, 먹지 않겠다고 돌아눕는다.

/경도, 전화를 걸고 있다. 음성사서함으로 넘어간다.

경도 소리	지우야. 무슨 일 있어? 왜 연락이 안 돼⋯.

/지우, 책상 의자에 앉아 밤이 깊은 창밖만 본다.
창백한 얼굴이다.

경도 소리   내가 정말 미안해…. 그런 뜻이 아닌데…. 내가 속이 좁았어….

/침대에 누워 식은땀을 흘리고 있는 지우. 놀란 얼굴로 지우 모가 들어온다.
김 기사가 지우를 업고 나간다.

경도 소리   잠깐만 얼굴 보자. 내가 집 근처로 갈까?

/병원 VIP 병실. 지우, 링거를 꽂고 자고 있다.
눈을 뜨면 아무도 없는 병실.

/병원 병실. 지우, 침대에 앉아 창밖을 본다.
지우 모, 들어온다.

지우   나, 갈래. …. 뉴욕으로 갈래.

슬픈 지우의 눈. 지우 모는 반색함을 숨기지 못한다.
핸드폰으로 전화를 하며 나간다.

지우 모   양 비서? 지우 뉴욕 들어갈 정리 좀 해줘요. 어. 빠르면 좋지….

지우 모, 병실을 나간다. 지우의 눈에서 눈물이 떨어진다.

17.   2007. 인천공항 (낮)

지우가 이어폰을 끼고 대기 중이다. 성시경의 〈두 사람〉 흐른다.

담담한 얼굴. 가끔… 누구를 찾는지 둘러본다.
시간을 보는 지우, 일어나 출국 심사 게이트로 걸어간다.

18.   2007. 주원대학교 운동장 (낮)

음악 이어지며, 남학생들 한창 축구 중인데. 대자로 누워 하늘을 바라보는 경도.
축구 학생들이 비키라고 해도 죽은 사람처럼 누워 버티는 경도. 손에 꼭 쥐고 있는 핸드폰.

지우 소리   경도야. 잘 지내. 나도 잘 지낼게.

이젠 다들 피해서 축구한다.
경도, 다 잃은 얼굴로 누워 있다. 음악 이어지며.

19.   현재. 동운일보 연예부 사무실 안 (낮)

이어폰을 끼고 음악을 듣고 있는 경도. 〈두 사람〉 연이어지고 있다.
경도, 지우 생각에 마음이 답답하다. 창밖 하늘을 바라본다.
흠… 눈을 감으며 음악 멈춘다.

20.   지우 집 안방 (밤)

지우, 침대 이불 속에서 웅크리고 있다.
핸드폰 알림음이 엄청 이어진다.
지우, 뭐야…? 이불 속에서 고개를 내밀고 핸드폰을 열어본다.
경도가 보낸 많은 영상 링크들이다.

영상 제목 인서트/
[나는 돈 주고 독약을 산다. 알콜 중독자들]
[맥주 1캔으로 5년 뒤 환자가 된 여자]
[2030 알콜 중독 보고서]
[멀쩡해 보이지만 알콜 중독인 사람들] 등등

지우, 확… 핸드폰 툭 던져두고 다시 이불 속으로 들어간다.
잠시 후, 또 링크 문자 폭탄이 이어진다.
이불을 더 똘똘 말며 괴성을 지르는 지우.

지우 소리   죽여버릴 거야~!!!!

21.   경도 집 거실 (밤)

귀가 간지러운 경도, 손가락으로 긁는다.
한 손은 열심히 알콜 중독에 대한 동영상을 찾고 있다.

22.   경도 집 앞 (아침)

출근 복장으로 다다다 달려 나오는 경도.
으악 씨(발)…!!! 귀신을 본 듯 놀란다.
보면, 지우가 자동차를 세워두고 기대서서 경도를 노려보고 있다.

지우   타.
경도   나 출근해야 되는데.

지우의 침묵이 더 무섭다. 안 타면 죽을지도 모를 거 같고….

23.   공원 (아침)

어르신들 운동하고 있다. 보면, 맨발 걷기하는 사람들도 보인다.
이른 아침 공원과 어울리지 않는 경도, 벤치에 앉아 있다.
그 앞에 버티고 서서 공원을 돌아보는 지우.

경도   (핸드폰으로 시간 보며) 이 시간에는 빵집 문 열었다. 빵집 갈래?

지우, 분노를 삭이며 경도를 돌아본다.

경도   지금 가도 지각이거든.
지우   내 알 바 아니고.
경도   일찍 일어났네.
지우   안 잤어. (경도 앞에 위협적으로 서서) 니가 보낸 유익한 영상 보느
         라 꼴딱 새웠어.

경도, 너무 많이 보냈나… 침 꼴깍.

지우   어쩌라는 거야. 그래서 내가, 이미 중독자라는 거야?
         인생파탄, 그런 거야?
경도   그 정도 마시면 장담 못 하지.

지우, 빡쳐서 한 숨 고르고.

지우   공부해야겠다 마음 먹었는데 엄마가 공부 안 하니 그러면 열받아 안
         받아?
경도   …받아.
지우   살 빼야지 식단 짜고 있는데 남친이 다이어트 얘기하면 빡쳐 안 쳐?
경도   빡치지.
지우   알면서 넌 왜 그러지?

| 경도 | 내 알고리즘이 유익한 정보를 많이 주더라고. 집에서 자빠져 노는 서지우 보면 좋겠다 싶어서 보냈지. 과했나? |

경도, 아침부터 잡혀 있는 게 슬슬 짜증 난다.

| 지우 | 같이 앞에 앉아 책을 읽든지! 같이 운동을 해주든지!
그게 응원 아니냐? 이딴 죄책감 유발 동영상 폭탄보다? |

경도, 슬슬 말리는 걸까, 설득이 되고 있다.
지우, 아우… 뒤를 돌아본다. 맨발 걷기하는 사람들 보인다.

| 지우 | 벗어. |
| 경도 | 아 뭐를~!! |

/맨발로 걷는 지우와 경도. 지우는 아… 잘 참으며 걷는데, 경도는 아! 아아아!!! 악!!! 요란하다.

24.   공원 맨발 걷기 세족장 (아침)

경도, 발을 다 씻고 양말을 신고 있다.
지우도 수돗물에 발을 대고 나름 씻고는 있다.

경도	애가 승질이… 나이 먹으면 승질도 죽던데, 넌 완전 진짜.
지우	내 승질 다 나왔으면 흙 대신 니가 밟혔어.
경도	눈알 빠지게 정보 찾아준 내가 모자란 놈…. 넌 뭐 하냐?
지우	발 씻잖아.
경도	(지우 발 뒤쪽 가리키며) 여긴 흙이 그대로잖아…. 아우 진짜.

지우, 어디…? 이리저리 돌려보는데 말끔하게 씻지 못한다.

보다 못한 경도 지우 곁에 앉는다. 지우 발을 잡고는 발목을 꺾어가
며 흙을 씻어낸다.
지우, 아!! 승질을 내지만, 경도가 세심하게 흙을 씻어내 주는 게 싫
지 않다.

경도　　　저쪽!

그런다고 나머지 발을 내미는 지우. 경도 욱욱거리면서도 지우 발을
깨끗하게 씻어준다.

경도　　　(일어나며) 아우 허리야….

지우, 발의 물기를 말려보겠다며 어설프게 발 털기.

경도　　　(환장) 그게, 되겠니?

아유… 손수건 꺼내서 지우 발을 슥슥 닦는 경도.
그러다가 이 정도는 아니지 싶었는지, 지우 손에 손수건 쥐여준다.

경도　　　손 많이 가.

지우, 손수건으로 발의 물기를 닦는데 기분이 왜 또 말랑말랑 좋은지.

25.　　　공원 주차장 (낮)

지우, 자동차 잠금을 연다.
경도, 지우 옆으로 와 운전석 문을 열고 탄다.

경도　　　타. 밤샜다며. 졸다 사고 나면 민폐야.

26.   지우 자동차 안 (낮)

조수석 지우, 곤히 잠들어 있다. 고개가 이리저리 푹푹 꺾인다.
신호 걸렸다. 조수석 좌석 버튼을 눌러 편하게 의자를 눕혀주는 경도.
이 상황들을 어떻게 해야 하나 생각이 많아진다.

27.   자림어패럴 대표실 안 (낮)

지우가 와 있다. 지연, 마주 앉아 싱긋.

지연   이경도 씨 멋있다. 근데 결말이 이게 뭐야, 다시 간다고?
지우   어.
지연   언제.
지우   내일.
지연   화내면 안 갈래?
지우   회사 들일 생각 하지도 마. 누구 좋으라고.
지연   지우야.
지우   엄마한테 말했어. 나 다 알고 있다고. 언니가 알려줬다고.

지연, 많이 놀라지 않는다. 속상하다.

지우   내가 생각해봤어. 아빠는 왜 유언장에 내 지분을 그렇게 두셨을까.
서지우가 자림어패럴 상무 취임 및 2년 유지 후 지분 지급.

지연, 지우의 말을 듣는다. 제발 아빠 마음을 알길.

지우   내 스스로 방어하라는 거잖아. 서 회장 딸이 아니어도 회사에 공적이
크니 아무도 입방아에 올리지 마라. 날로 먹는 거 아니다.
지연   알면서 왜 도망가.

| 지우 | 아빠 회사잖아. 친딸처럼 키워주신 거, 그것도 넘쳐 언니. |

지우, 남을 마음이 없다. 지연, 잡을 수 없음을 느낀다.

28.   자림어패럴 강민우 상무실 안 (낮)

상무 강민우, 명패 보인다. 강민우 자림의 주가를 체크하고 있다.
노크 소리. 비서가 들어오고 퀵 봉투 전달.

| 강민우 | 뭔가요? |
| 비서 | 상무님께 온 퀵입니다. |

봉투를 본다. 발신인이 없다.

강민우	어디서 온 건지…. 뭐가 없네?
비서	확인해봤는데 퀵 기사도 모른다는데요.
강민우	그래요.

비서, 인사하고 나간다. 강민우 봉투를 열어본다.
카드 한 장 떨어진다. 그 외에 아무것도 없다. 뭐야… 카드 열어본다.

인서트/
치료는 잘 받고 있어요? 무슨 약인데 조용히 구한 걸까 궁금해서.
전화 받지 그래요? 안다혜

사색이 되는 강민우.

29.　동운일보 연예부 사무실 안 (낮)

경도, 업로드 전 기사를 체크 중이다.
두진, 사탕을 오물오물 먹고 있다.

경도　김두진.
두진　(안 먹은 척) 네!
경도　맛있어? 혼자 먹네?
두진　아! (책상 위에서 커피사탕 보여주며) 하나 드려요?
　　　정신 번쩍 드는데.
경도　정신 번쩍 들었구나. 일루 와보자.

두진, 아 놔… 경도 앞으로 온다.

경도　두진 기자는 사진 서치가 아주 남달라.
　　　이렇게 얍삽하게 나온 사진을 어디서 구했어?
두진　끈기 있게 뒤졌습니다.

경도, 서랍을 연다. 커피사탕이 꽤 많다. 하나 꺼내 먹는다.
두진, 와 이렇게 많다고. 헐… 경도, 사탕을 와자작 깨문다.

두진　(눈치 보며) 살짝 저를 씹어 먹겠다는 느낌이….
경도　내가 부장도 아니고. 맛있어서 먹는 중이야.
두진　(해맑다) 맛있죠? 역시 맛잘알이셔.

경도, 모니터 가리키며.

경도　괜찮겠어? 소속사에서 전화 올 거 같은데?
두진　탈세 의혹이랑 딱 맞는 사진인데요.
경도　말 잘했어. 의혹이잖아, 의혹.

두진	(답답하네 증말…) 차장 제가 다 파봤고요. 정확한 팩트 체크했고요.

한경이 야구공 들고 슬렁슬렁 다가온다.

경도	뭔가 온다. 어둡다. 스산해.

두진, 옆으로 촐랑 비켜서면, 한경이 야구공 들고 경도에게 던질 기세다.

경도	이 정도 거리면 위협이에요.
한경	지랄도 가지가지한다. 위협? 차장님이 사진 한 장 가지고 후배 잡는 게 위협이죠. 안 그래요 김두진?
두진	옳으신 말씀입니다.
경도	야구공으로 코뼈 맞아봤어?
두진	(아 짜증) 이 콧날이 그래 보여요! 이 쭉 뻗은 거 봐 이거.
경도	주저앉아서 재건한 코 같은데.
두진	아 정말 스트레스 받아….

두진, 자리로 간다. 경도 약 올리고는 웃는다.

한경	일 잘하는 후배 스트레스 주지 말고, 가봐.
경도	어딜요….
한경	국장실!

30.   동운일보 국장실 안 (낮)

테이블에 마주 앉아 차를 마시는 경도와 국장(남 50대 후반).

국장	얼굴이 왜 그래, 뭐 걱정 있어?
경도	(얼굴을 만져보며) 컨디션 괜찮은데….
국장	야, 그 경쟁률을 뚫고 시카고 갈 놈 낯빛이면, 번쩍번쩍해야 되는 거 아냐.
경도	(얼굴을 만져보며 멋쩍게 웃는다)
국장	연예부에서 해외연수는 니가 처음이야.
경도	감사합니다.
국장	니가 성과를 냈으니까 뽑혔지, 내가 힘이 있겠니?

경도, 차분하게 웃는다.

국장	야, 근데 진짜… 너 그 기획사 계약서 어떻게 빼냈어?
	노예계약 노예계약 말만 무성했지, 계약서 스캔 뜬 건 진짜 와….
	이제는 말 좀 해보자. 나만 알게 나만.
경도	제가 은퇴하면 그때 말씀드릴게요.
국장	(김빠진다) 니 은퇴하면, 난 보청기 끼고 틀니 끼고, 퍽이나 신기하겠다.

경도와 국장, 서로 웃고 만다.

국장	암튼 니 덕에 우리 동운일보가 배우들이 선호하는 매체가 됐어.
경도	아유 뭘… 너무 극찬하시니까 민망해요 국장님.
국장	뻥 아니야 인마. 야 생각해봐. 니 기사 덕에 미정산 배우들 다 정산받았지, 그 큰 악덕 회사 문 닫았지.
	요즘 아티스트들 섭외가 동운일보라면 1번이야 1번.
경도	제가 잘하긴 했어요?
국장	기세 몰아서 쭉~ 알겠지? 1년 공부하고 와서, 그런 거 하나 더 써!

경도, 지우 생각에 무거운 마음. 미소를 지으며 대답을 대신한다.

31.   일식집 (낮)

강민우, 최진숙 전무(여 50대 중반)와 식사 중이다.
최 전무, 강단 있어 보인다. 속으로 어떤 생각을 하는지 가늠이 되지 않는 포커페이스.

최 전무   내 지분이 회사 매각에 어떤 도움이 될까요?
              대주주 서 대표가 움직이지 않을 텐데, 의미가 있냐는 말이죠.
강민우   서 대표 지분은 걱정하지 마세요. 자연스럽게 정리됩니다.
              중요한 건 전무님 결정이거든요. (신중함을 연기해 보이며)
              서 대표랑 상의할 수 없는 이런 중대한… 위험할 수도 있는 문제를,
              제가 전무님과 상의하고 있다는 거, 저도 다 걸었다는 겁니다.

최 전무, 이놈이 뭘 그리는 건가… 차갑게 본다.

강민우   지금이 던질 타이밍이에요. 더 있으면… 급하게 정리하느라 제값도 못 받게 돼요.

최 전무, 물을 한 모금 마시고 생각 후.

최 전무   설명은 지난번에 충분히 들었고… 내가 좀 이상하다 싶은 건요.
              지금의 서 대표는 밤낮없이 회사 일에 매달려 있어요.
              의류사업 하향세라 뭐다 해도 자림어패럴이 적자를 보진 않고.
              근데 왜 이 회사를 매각해야 하는지, 던질 타이밍이란 게 왜 지금인지/
강민우   서지연 대표, 오래 일 못 합니다.
최 전무   !!!
강민우   이 회사에서… 저밖에 몰라요. 이젠 최 전무님도 아시게 되네.
최 전무   무슨 말씀이세요?
강민우   곧 회사 오너가 무너질 거라는 겁니다. 그 사람, 많이 아파요.

	가족들한테도 쉬쉬하고 있는데 글쎄요….
	반년도 못 돼서 증세가 심각해질 겁니다.
최 전무	증세라니요? 뭐 시한부… 그런 거예요?
강민우	…. 알츠하이머, 치매예요.

놀라는 최 전무. 그것도 잠시, 냉철하게 사안을 생각한다.

최 전무	서지우는요. 아무리 지분 하나 없다 해도… 선대 회장님 자식인데.
강민우	(어이없다는 듯 한 번 웃고) 아이고 최 전무님… 서지우 모르세요?
	숨 쉬는 거 빼고 생산적인 일이라고는 못 하는 애예요.
	장인어른 무슨 생각으로 서지우 2년 이상 상무 자리 지키면 지분 내
	주겠다 유언하셨는지 참….
	해외 나가서 놀 생각이나 하지, 걔가 뭘…. (웃는다)
최 전무	(듣기 불편하다) 걔…는 아니죠. 호칭이 공격적이시네.
	(적인지 아군인지 알 수 없는 웃음 후) 회사 매각하면, 내가 얻는 베
	네핏은 뭔가요?
강민우	맨자르. 신사복 가져가세요. 본인 회사 운영하는 거, 꿈이시잖아요.
최 전무	(꽤 좋은 딜) 좋죠.

두 사람 같은 그림에 동의하며 분위기 좋다.

32.   병원 특실 안 (밤)

지우 모가 침대에 누워 링거를 맞고 있다.
지연이 와 있다. 지우 모 창밖만 본다.

지연	기운을 내야지 엄마.
지우 모	….
지연	기운 내서 지우 돌봐줘요. 평생 안 했던 거, 엄마 노릇 해야지.

지연의 차가운 반응에 지우 모 파리해진다. 지연을 본다.

지우 모　너… 다 알면서 왜….

지연　난 엄마. 엄마가 어떤 선택을 했고, 어떤 인생을 살고 있는지 관심 없어. 아빠랑 엄마 일이잖아?

지우 모　…!!

지연　내가 화가… 화가 나는 건. (참고) 지우가 무슨 죄야.
난 엄마가 지우를 왜 저렇게 미워할까, 왜 저렇게 무관심할까.
내 관심은 온통! 지우를 어떻게 하면 엄마 눈에 들일까!
엄마한테 인정받는 자식이 되게 만들까! 온통!!

감정이 격해지는 지연.

지연　그냥 둘걸…. 지 좋아하는 대로 살게…. 그때… 그때 그냥 둘걸.
이렇게 끝까지 엄마는… 지우를…. (감정 누르며)
퇴원할 때 연락하세요. 차 비서 보낼게요.

차갑게 돌아서 나가는 지연. 지우 모, 회한이 몰려와 침대 시트를 꽉 움켜쥔다.

33.　넓은 야외 (밤)

행인이 없는 어두운 곳. 강민우 자동차에서 내린다.
보면, 유 비서 짜증나는 얼굴로 서서 강민우를 본다.
강민우, 유 비서 앞으로 와 선다. 주위를 한 번 더 체크하고는 주머니에서 약 봉투 꺼내 준다. 하얀 가루가 담겨 있다.
유 비서, 받아서 핸드백에 넣는다.

강민우　서 대표 눈치 못 채고 있지?

유 비서	커피 워낙 좋아하니까 잘 마셔요.

강민우, 주머니에서 돈 봉투 꺼내 내준다.
유 비서, 냅름 받아 핸드백에 넣는다.

유 비서	근데요. 이거 무슨 약이에요? 별 반응도 없는 거 같은데.
강민우	그딴 건 알 거 없고, 예민해 있으니까 들키지 않게 더 조심해.
유 비서	사람 죽이는 약인지 어쩐지는 알아야죠.
	나 살인자 되는 거잖아 그럼.
강민우	그런 약 아니니까 할 일이나 잘해.

강민우, 차갑게 돌아서 자동차에 올라탄다.
유 비서, 쩝… 갈 길을 간다.

34.   교회 앞 (밤)

저녁 예배 후 나오는 성도들. 경도 모, 나오다가 깜짝 놀란다.
교회 마당 벤치에 경도가 앉아 있다.

인서트/
스물여덟의 경도가 교회 벤치에 술에 취해 누워 있다.
경도 모가 다가와 경도를 일으킨다.

경도모 경도야. 집에 가서 자자. 일어나 봐. 엄마한테 기대봐….

경도 모 눈에 눈물이 그렁하다. 만취의 경도 못 일어난다.
성도들 지나가며 걱정스레 본다.

/경도 모, 경도 곁에 앉는다.

경도 모	깜짝 놀랐잖아.
경도	그래도 엄마. 내가 한~창 마실 때, 어디 길바닥에 자빠지지 않고 여기 와서 자빠졌어. 그래도 잘하지 않았어?
경도 모	망신망신… 으유. 마중 나왔냐? 숙직이었어?
경도	엄마. 리스트에 한 명 올려줘.

경도 모, 에효… 가방에서 작은 수첩을 꺼낸다. 펴면, 기도 제목들이 보인다.
1. 경도 건강 2. 아빠 건강 3. 목사님 수술 4. 우식이 테레비 나오기 등등등.

경도 모	이름.
경도	그냥 경도 친구라 해.
경도 모	(경도를 본다) 뭐 기도하면 돼.
경도	어… 아니다. 딱히 뭐 할 게 없다.

경도 모, 싱거운… 수첩을 도로 넣는다.

경도	엄마.
경도 모	애니? 엄마, 엄마… 왜 그르는데!
경도	내 친구가, 술을 너무 마셔. 근데 보면… 사는 게 술 땡기는 일 천지야. 답답하니까 자꾸 술에 손이 가는 거지. 내가 알지.

경도 모, 누구를 이야기하는지 느낌이 오는 거 같다.

경도	얘를… 어떻게 해줘야 도움이 될지 모르겠어. 멀리 간대. 거긴 아는 사람도 없는데… 더 처마실 거 아냐. 진심으로 걱정돼. 영국에서 객사할 거 같아.
경도 모	너 치료받을 때 어땠어.
경도	나?

경도 모	그런 거 있었을 거 아냐, 뭐가 됐으면 술 안 마실 거 같다, 누가 이렇게 해주면 술 생각 안 날 거 같다. 있었을 거 아냐.
경도	…. 있었지.
경도 모	그게 엄마 아빠가 아닌 게 짜증 나는 거지.

경도, 와중에 웃음이 터진다. 엄마도 웃는다.

경도	내가 아는 엄마들 중에 엄마가 제일 웃기는 거 같아.
경도 모	웃기는 걸로 직분 주면 내가 권사 따고 남는데.

모자가 해맑게 웃는다.

35.   세영 집 거실 (낮)

거실에 교자상이 펼쳐져 있고, 간이버너 위 구이판에 소고기가 익고 있다.
세영과 우식, 정민이 고기 냄새에 상기되어 있다.
좀 피곤한 얼굴로 합석 중인 경도.

정민	동원이는?
세영	친구 생파 갔어.
정민	횡성한우가 분식파티한테 졌네. 애들은 역시 치킨인가.
우식	몇 번 안 썼는데 없어진다? 녹아녹아!
	출장 갔다가 횡성 들러 소고기를 다 사 오고 우리 정민이가 철들었어.
세영	경도도 좀 먹어! 왜케 기운이 없어?
경도	아니 형은… 이런 거 사 올 거면 미리 문자를 좀 주면 좋잖아?
	그럼 점심을 살살 먹었지….
정민	사다 바쳐도 지랄이냐 넌. 오늘 주말이라고 차가 얼마나 막혔는지 알아? 그래도 내가 니들 먹인다고 최선을 다한 거 아냐!

경도	그니까 최선을 다하는 김에 문자도 보냈으면 더할 나위 없었겠다 그 말이지.
정민	처먹지 마.

경도, 장난에 말리는 정민이 귀여워서 흐흐 웃는다.

정민	아 맞다, 너 집 있잖아?
경도	?
정민	너 시카고 가면, 그 집 어떡할 거냐?
경도	왜.
정민	아니, 어차피 일 년인데 짐 빼기도 그렇잖아. 연세 주구 가!
경도	연세?
정민	나 아는 애가 싱가포르에서 일하는데, 한 일 년 한국으로 들어온대. 집 구한다는데, 너네 집 세 주면 좋잖아. 여자애라서 깨끗하게 쓸 거고. 얼마 받아줄까!

경도, 뜨뜻미지근하다.

우식	야 씨… 공짜로 연수도 가고, 집세도 받고! 빈익빈부익부다!
세영	별게 다 빈익빈부익부네…
정민	언제 나가냐?
경도	아직 뭐… 확실한 거 몰라. 차차 봐서….

정민, 고기를 씹으며 경도를 살핀다. 슬슬 빡이 치는 얼굴이다.

정민	왜. 지우 솔로 되니까, 못 뜨겠어?

세영과 우식, 엇… 이 인간이 왜 역린을 건들지… 조마조마하다.

경도	뭔 소리야… 걔랑 시카고랑 뭔 상관이야.

정민	그래 너. 서지우랑 그만 엮여야 돼. 지가 알아서 잘 살아.
경도	잘 살긴 뭘 잘 살아. 술만 마셔대고, 어디로 도망간단 소리나 하고. 걔는 술을 끊어야 돼 술을. 혼자 나가서 말리는 사람도 없고, 얼마나 마셔대겠냐고. 쯧⋯.

정민, 젓가락을 탁 놓는다. 경도, 놀라서 본다.

정민	솔직해라 너. 너 지금 서지우 때문에 시카고고 나발이고 안중에 없는 거야?
경도	⋯. 아니 애가 정신을 못 차리잖아. 지금 그렇게 나가면 걔네 집도 그 렇고⋯. 암튼 그런 게 있어.
정민	그만 좀 해 너도!!!
우식	왜 소릴 높이구 그르냐⋯.
정민	저 새끼 하는 꼴 봐봐! 지우 때문에 또 씨⋯. 야, 니가 서지우 얼마나 사랑하는지 어쩐지 모르겠는데! 우리도 어? 우리도 너 겁나 사랑해 이 새끼야!
경도	(웃어 보인다) 물 마시고 취했어?
정민	그래 물 마시잖아! 이 좋은 안주 두고 물을 마신다고 우리가. 우리 그때 너 죽을까 봐 매일매일⋯ 우리가 얼마나 가슴 졸였는지 알아! 근데 니가 서지우 술 처마시는 걱정을 해 이 새끼야!!

정말 속상한 정민의 얼굴, 그 마음 알기에 서글프게 웃는 경도 얼굴.

36.   2017. 경도 자취방 안 (아침)

침대 커버도 없이 덩그러니 놓여 있는 커다란 매트리스.
베개 하나와 낡은 이불 하나. 그렇게 둘둘 감고 잠에서 깨는 경도.
초췌한 모습이다. 곁에는 소주병들이 많다. 머리가 아픈 경도.

비틀거리며 일어나 냉장고를 연다. 오래된 남은 배달 음식과 먹다
만 생수병.
생수병 열어 물을 마신다. 몸이 괴롭다.

37.   2017. 경도 집 근처 편의점 안 (아침)

대충 걸친 출근 복장. 컵라면에서 김이 오르고 있다.
경도, 컵라면은 곁들일 뿐인지 손을 대지도 않고 아침부터 소주 한
병을 비우고 있다.
창밖으로 출근하고 등교하는 사람들이 경도에겐 이질적으로 보인다.
마지막 한 모금을 비우고, 컵라면 국물을 좀 들이켠다.
주머니에서 껌을 꺼내 씹는다.

38.   2017. 동운일보 회의실 안 (낮)

그때의 한경과 경도. 한경, 경도의 텀블러를 뺏는다.
경도, 완강하게 텀블러를 잡는다.

한경	놔.
경도	(힘 풀린 웃음) 제 거예요…. 커피 사 드려요?
한경	놔.
경도	그냥 물, 물이에요 물.

한경, 텀블러 확 뺏는다. 경도, 하….
한경, 텀블러 열어 냄새를 맡아본다.

| 한경 | 이 잘난 술 계속 마시겠다고 휴직계 냈니? |
| 경도 | …. 회사에… 폐를 끼치면 안 되잖아요. |

한경	말 잘했어. 문화부 에이스 이경도가 왜 이 지경이 된 거니.
	20억 위조 그림 1년 동안 파헤쳐서 미술계를 들었다 놨던 놈이 왜
	이러는 거냐고. 니 덕에 난 차장도 달았는데. 넌 왜 물처럼 술을 마셔
	대니 왜… 왜 경도야…!!

경도, 일어난다. 비틀… 다시 잘 선다. 입술만 마른다.
뭐라고 말을 하고 싶은데, 취한 입술만 달싹일 뿐 단어가 나오지 않
는다.
두 손을 들어 한경의 손을 끌어 잡고 후… 술에 취한 한숨.

경도	죄송해요… 선배. 미안합니다. 미안합니다….

돌아서 나가는 경도. 한경, 미치겠다.

39.   2017. 허름한 술집 (밤)

경도와 세영, 우식 술을 마시고 있다. 정민은 음료수를 앞에 두고 있다.
경도는 엄청 취해 있고, 세영과 우식은 걱정이 가득한 얼굴로 맞춰
주고 있다.

정민	가자. 그만 마셔.
경도	형도 마셔~! (돈을 쥐여주려 휘청) 내가 준다니까 대리비! 받아받
	아!!
정민	야 인마 좀~!!

경도, 대리 부르라고~~ 하면서 억지를 부리다가 정민의 손에 밀려
뒤로 넘어진다.
휘청이며 넘어진 경도를 세영이 놀라서 붙잡지만 같이 넘어진다.
엉망이 되는 술자리. 옆 테이블도 불쾌하게 이들을 본다.

우식은 세영을 일으키고, 정민은 경도를 일으킨다.
이 와중에도 대리비 준다고 억지를 부리는 취한 경도.

40.　　2017. 경도 자취방 안 (낮)

경도 모, 술병의 술을 모조리 버리고 있다.
이때 욕실에서 와장창 소리가 난다. 경도 모, 놀라서 욕실 문을 열면.
욕실 안, 욕실 거울이 깨져 있고, 격앙된 얼굴의 경도는 식식거리면
서 있다.
주먹에 유리가 박혀 피가 뚝뚝 흐른다.
경도 모, 얼른 들어가 경도를 끌고 나온다.
끌려 나온 경도, 놔~!! 하면서 엄마를 뿌리치는데, 경도 모, 잘못 넘
어져 팔이 가구 모서리에 찍힌다. 악….
그러나 경도는 엄마의 부상을 알아채지 못하고 방으로 가 널브러진다.

41.　　2017. 병원 응급실 안 (낮)

손을 치료한 경도가 링거를 맞고 있다. 눈을 뜨는 경도.
정민이 경도를 보고 있다. 화가 나지만 참는 거 같다.

경도　　(자신의 손을 보며) 하….
정민　　어머니 다치셨어.
경도　　!!!!
정민　　팔 부러지셨다.
경도　　왜!
정민　　…. (최대한 참다가) 술 취한 아들 새끼가 밀어서 넘어져서.

입술이 덜덜덜 떨리는 경도. 허겁지겁 일어나 링거를 빼려고 하는데,

정민이 경도의 손을 잡아 꽉 누른다.

정민   우식이가 같이 있어. 너 알콜 빼내야 된대. 다 맞고 가야 된대.
경도   엄마… 엄마 어딨어 엄마….

눈물이 그렁그렁한 경도, 처연하고 안쓰럽다.

42.   2017. 경도 본가 거실 (낮)

경도 모, 팔에 깁스를 하고 소파에 앉아 있다.
핸드폰만 자꾸 바라보는 경도 모.
경도 부, 절룩이며 물과 약을 가지고 곁에 앉는다.
이때, 경도 모 핸드폰 울린다.
경도다. 얼른 받는 경도 모.

경도 모   경도야.
경도 소리   엄마.

43.   2017. 경도 자취방 안 (낮)

깨끗하게 정리된 집. 짐 가방 하나 보인다.
경도, 매트리스에 앉아 통화 중이다.
경도 가슴이 미어진다. 울음을 참는다.

경도   나 치료 잘 받고 나올게.
경도 모 소리   여긴 걱정하지 마….
경도   엄마.
경도 모 소리   그래.

경도   (울먹인다) 미안해…. 죄송해요….

          경도, 결국 눈물이 툭 터진다.

          /경도 모, 역시나 눈물이 터진다. 떨리는 입술.
          경도 부, 경도 모의 등을 따뜻하게 만져준다.

44.   2017. 병원 병실 안 (낮)

          병원 침대 둘. 한쪽은 생활감이 있다.
          빈 침대에 환자복이 놓여 있다. 경도, 침대에 걸터앉아 멍하다.
          창밖을 바라본다. 아득하다.

경도 소리   형.

45.   현재. 세영 집 거실 (낮)

          경도, 정민을 허그하고 있다.

정민   아 왜 이래 징그럽게!
경도   오늘 좀 감동이다. (더 꼭 허그한 후) 그래서 말인데, 나 배불러.
          내 몫은 싸 가도 될까?

          이 새끼 뭐지…? 짜증나서 바라본다.

정민   (세영에게) 저울 있어? 600그램만 줘!

          헤헤… 웃는 경도.

46.   지우 집 거실 (낮)

지우, 인터폰을 째려보고 있다. 경도 얼굴이 보인다.

경도   심부름 왔다니까? 정민이 형 심부름 왔다고.

지우, 뭐야… 일단 문을 열어준다.

47.   지우 집 주방 (밤)

경도, 셔츠를 걷어붙이고 프라이팬에 한우를 굽고 있다.
지우, 식탁 의자에 무릎을 세우고 앉아서 하는 꼴을 보고 있다.

경도   정민이 형 중고차 사업하잖아? 전국을 돌아다니잖아?
오늘은 강원도를 간 거지. 오는 길에 횡성에서 한우를 사 온 거지.
(돌아보며) 뭔 말인지 알지?
지우   내 거까지 사 올 리가 없는 건 알지.

경도, 못 들은 척 고기를 접시에 담는다.
지우 앞에 내준다. 젓가락도 세팅해준다.

경도   한 점 해.
지우   감시하러 왔냐?
경도   겸사겸사.
지우   아니라고는 안 하네.

지우, 한 점 먹는다. 음… 맛있잖아. 경도 뭔가 뿌듯해서 웃는다.
지우가 보니까 얼른 웃음기 거둔다.

/경도, 설거지하고 있다. 마뜩잖은 표정이다.

경도   설거진 먹은 놈이 해야 되는 거 아닌가? 애가 양심이 없어….

물이 튀면서 싱크대 하단에 흐른다. 에이… 쭈그리고 앉아 행주로
물기 닦는다.
문을 열어 야무지게 닦는데, 싱크대 안쪽에 마시다 만 양주병이 보
인다.
하… 걱정이 되는 경도, 돌아본다. 지우는 보이지 않는다.
경도, 술병을 자신의 가방에 숨겨 넣는다. 속상해서 소파에 앉아 멍
한 경도.
안방에서 지우가 나온다. 그런 경도를 본다.

지우   왜.
경도   간다. (가방 집어 들고) 수시로 와볼 거다. 술 처마실 생각 딱 버려!
지우   깡패야?
경도   위탁보호자다.
지우   누가 너한테 위탁했는데! 누가!
경도   (음… 어…) 과거의 나?

지우, 헐….

경도   멋있잖아.

자뻑하며 일단 후퇴하고 있다.

48.   동문일보 회의실 안 (낮)

경도, 한경, 두진, 남 기자, 남자기자 1 회의 중이다. 인턴 남 기자는

열심히 회의록 작성 중.

한경	영화 쪽이랑 드라마랑 나누는 게 비효율적이란 말이지?
경도	예능까지 하면 두 파트 세 파트 나눠지는데, 그러다 보면 아티스트들이 겹치는 경우가 있어서요. 기사가 중복될 수 있기도 하고.

경도 핸드폰 문자 진동. 얼핏 보니 '서지우'. 예민해지는 경도.
슬쩍 열어본다. 엥???

문자 인서트/
37°16'99.5"N 127°02'33.8"E 7시

두진	맞아요. 저 지난번에 조석현 드라마 인터뷰 잡아놨는데, 차장이 조배우 예능 기사 먼저 쳤잖아요. 기억하죠 형?

경도, 이 문자는 뭐냐… 보다가 놓친다. 두진, 힐끗 문자를 엿본다.

두진	뭐야…. 위도 경도?

한경, 저 자식들… 째려본다.

경도	(핸드폰 닫고) 그래서 이제 아티스트 담당자를 정하는 게 낫지 않을까요?
한경	프로그램으로 나누지 말고?
경도	프로그램 팔로우도 하면서 덩치 있는 아티스트들은 담당자를 정하고요.

한경, 일리 있는데? 회의를 이어간다. 경도, 문자가 신경 쓰인다.

한경	한 사람이 여럿 맡아야 되겠네 그럼. (남 기자에게 장난) 인턴은 누

	구 좋아해?
남 기자	아이돌은 다 좋습니다!!

다시 슬쩍 열어 좌표를 지도에 넣어본다. 주원대학교 운동장이 잡힌다.

경도	장난해??

순간 싸해지는 분위기, 두진이 경도를 툭 친다. 경도, 아….

경도	(두진에게) 그만 좀 하라고. 계속하시죠.

두진, 얼결에 방해자가 되었다.

49.   주원대학교 운동장 일각 (밤)

학생들 불빛 의지해 농구를 하고 있다.
스탠드에 앉아 경도를 기다리는 지우. 저만치 경도가 걸어오고 있다.
지우의 눈에 반가움은 잠시고 이미 슬퍼지고 있다.

/경도와 지우, 스탠드에 좀 떨어져 앉아 있다.

지우	늦었어.
경도	퇴근 시간에 여기 오는 길, 헬이야. 왜 여기까지 불러?
지우	나 솔직히 영국을 가야 하나 말아야 하나, 그때도 겨우 용기 내서 나선 거였어. 니가 잡아주니까 잡힌 척하면서… 여기 있는 게 낫겠다 싶기도 하고.
경도	(반가워 돌아본다)
지우	이젠 진짜 가야겠어.

경도	잘 나가다가 왜 또 삑사리니….
지우	(계속 앞만 보며) 너 때문에 더 명확해졌어. 난 영국 가는 게 맞아.

경도, 이건 무슨 맥락이지… 답답…하게 앞을 본다.

지우	나 자꾸 상상을 하게 돼.
경도	(미간에 힘이 고인다. 무슨 뜻이지)
지우	니가 하는 말, 툴툴거리는 친절, 거친 말 속에 응원, 걱정하는 눈빛.

그런 거에 다… 의미를 두게 돼. 자꾸 내가… 여기, 주원대학교 서지
우라고 상상하게 돼.

지우, 이제 경도를 본다. 경도도 고개 돌려 지우를 본다.
아픈 눈 마주침. 지우의 말을 깊이 이해하는 경도.

지우	난 자꾸 여기로 와 있는데, 넌 이제… 여기 없잖아.
경도	….
지우	이제 또 나 잡으면, 그때는 너도 헷갈린다는 뜻이야.

지우, 일어난다. 할 말을 다 쏟아내고 운동장을 가로질러 걸어간다.
경도, 지우를 잡지 못한다. 아씨… 머리카락만 넘기고 쓸어내며 답답
해한다.

50. 경도 집 주방 (밤)

식탁이 보인다. 지우 집에서 가져온 양주병 보인다.
그리고 얼음 잔, 부어지는 탄산수, 그리고 약간의 노르스름 액체.
잘 섞이게 돌리는 경도의 손목 스냅.
카메라 빠지면 경도 벌컥벌컥… 크… 다시 한 잔 더 제조 들어가는데.
보면 탄산수와 박카스다.

한 잔 후, 생각에 잠기는 경도.

FB (1부 S#22)/ 2007. 주원대학교 캠퍼스 후미진 길.
경도 *정확히는 예쁘장하다고 했지, 예쁘다고 안 했고.*
*   욕하지 말라는 격려였거든?*
지우 *맘에도 없이 그런 말 막 하면, 개새끼야.*

다시 한 잔 말아서 차분하게 생각하는 경도.

FB (1부 S#41)/ 카페 안.
지우 *그러지 마. 마음이 노곤노곤… 그런다고. 정 붙어 그러지 마.*

FB (S#49)/ 주원대학교 운동장 일각.
지우 *이제 또 나 잡으면, 그때는 너도 헷갈린다는 뜻이야.*

경도, 마음이 복잡하다.

경도   아우….

식탁에 머리를 두고 엎드린다. 답답하다.
이제 그만해야지, 니 말이 맞지, 그런 눈빛이다.

51.   지우 집 거실 (밤)

씻고 나온 지우, 물을 마시는데 초인종 소리가 들린다.
너무나 놀라는 지우. 곧이어 비밀번호 누르는 소리.
뭐지 놀라서 얼어붙는 지우. 문이 열리고 들어오는 남자, 조진언(남 36세).
너무 놀라 벌떡 일어나는 지우. 웃으며 자연스럽게 들어서는 조진언.

조진언	비번 안 바꿨네?

조진언, 소파에 편하게 앉는다. 굳은 채 서 있는 지우.

조진언	너무 놀란다…. 구치소 있을 줄 알았어?
지우	나가자. 할 말 있으면 나가서 해.
조진언	금방 갈 거야. 지나가다 니 생각 나서 와봤어.
지우	진언 씨. 나 좀 불편하거든.

조진언, 일어나 지우 앞으로 다가와 선다. 주춤 물러나는 지우.

조진언	(대뜸) 우리 다시 합치자.

지우, 숨이 막힌다.

조진언	그래, 내가 바람도 많이 피우고 너 맘고생 많이 시켰어.
	내가 잘못했어. 진짜 진짜 내가 잘못했어. 나 약도 끊었어 지우야!

조진언, 부드럽게 지우를 바라본다.

조진언	나 집행유예 끝나면 아빠 회사 들어갈 거야.
	자립은 관심 없고, 다시 시작할 거야. 같이 시작하자.
지우	(물러나며) 나도 관심 없는데?
조진언	(지우 어깨를 지그시 잡으며) 서지우. 니가 나 없이 우리 집안 없이, 뽀대나게 살 수 있을 거 같니? 지금 넌 그냥… 12시 지난 누더기 신데렐라야.
	누가 쳐다보겠어, 왕자님? 생쥐들이나 들끓겠지.

지우, 모멸감도 들고 현실적인 말들에 주눅이 들고 작아진다.
울고 싶지만 온 힘을 다해 참아본다. 하지만 눈동자는 겁먹고 걱정

가득하다.

이때 울리는 초인종 소리. 지우도 놀라고 조진언도 놀라서 인터폰을 본다.

화면에 경도의 얼굴이 보인다. 당황하는 지우, 뭐야… 슬슬 열이 오르는 조진언.

다시 울리는 초인종. 지우, 나가서 정리하려고 나서는데, 조진언이 먼저 튀어 나가 문을 연다.

경도   (들어서며) 니 할 말만 다 하고 가면….

경도, 조진언의 열받은 얼굴을 마주한다. 순간 뭐야… 더 열받는 경도.
조진언, 경도를 보면, 캐리어와 김밥 봉지 들고 있는데 영 수상하다.

조진언   지우야? 뭐니 이 상황?

지우, 어떻게 설명할 바를 몰라 굳어 있다.
경도, 담담하게 신발을 벗고 들어온다.

경도   김밥을 2인분 사 왔는데 손님이 계시네.

경도, 캐리어 들어 소파 곁에 턱 둔다. 그리고 조진언에게 기세 잡혀 있는 지우를 살핀다.

경도   (조진언 보며, 말은 지우에게) 지우 어디 아파? 비 맞은 강아지처럼 왜 이래.

지우, 난감하고 위안도 되고 복잡하다.

조진언   아… 사진 속 인물이시구나.

경도, 조진언과 지우의 사이로 들어와 선다. 조진언을 바라보며 지우를 안전하게 막는다.

경도	근데 시간이… 손님 맞기엔 너무 늦은 시간 같은데요.
조진언	손님은 그쪽 같은데. (캐리어 보며) 어떤 상황이지? 이 시간에 캐리어 끌고, 뭐니 지우야?
경도	(조진언 얼굴 앞에 손가락 튕기며 딱!) 헤이. 여기 보고 말씀하셔야지. 나랑 대화 중이잖아요.
조진언	…. (이 새끼…) 무슨 상황입니까?
경도	(표현을 찾는다) 플러팅 중입니다. 최선을 다하고 있고요.

깊이 빡치는 조진언의 얼굴.
경도의 맑은 두 눈. 힘 있는 두 눈.
망했다 싶으면서도 큰 위로가 되는 또 좀 설레는 지우.

엔딩.

52.　에필로그. 오렌지 티셔츠

/경도 자취방. 지우가 옷장을 열어 정리 중이다.
구석에 오렌지 티셔츠를 발견. 어!! 꺼내서 본다. 아직 새 옷 같다.
티셔츠를 신기하고 애틋하게 바라보는 지우.

/현재의 경도 옷방. 경도, 옷장 서랍에서 추리닝 꺼내는데 오렌지 티셔츠 딸려 나온다.
한 번 본다. 열이 확 오른다. 들고 나간다.

/헌 옷 수거함에 쑤셔 넣는 경도. 다시는… 돌아서 간다.
곧 다다다 달려온 경도, 수거함에 팔을 넣는다. 잘 안 닿는다.

까치발을 하며 팔 빠지도록 애쓰다 겨우 집어낸다.

/소망세탁소. 아버지에게 오렌지 티셔츠 슬쩍 내민다.

경도	밑단 이거 풀린 거 오버로크 되지?
경도 부	야… 이 정도는 엄마도 안 입어.

경도 모 등장, 티셔츠 본다.

경도 모	좀 버려~! 다 해진 걸 뭘 수선을 해.
경도	엄마 변했네. 아껴야 잘 살지.
경도 모	그게 아끼는 거야? 청승이다 청승! 내놔. 버려!
경도	(얼른 품에 안아 든다) 그냥 내 애착 인형 그런 거야….

경도 모, 헐… 미친놈….

경도 모	애착 인형? 미친놈…. 그니까 장가를 가! 맛이 가잖아!
경도	다른 세탁소 갈 거야!

티셔츠 들고 나가는 경도. 어이없는 경도 모.

경도 모	내가 젖을 덜 물려 키웠나. 저 나이에 애착 인형이 뭔 지랄이래….

유리 밖 경도가 손을 흔들며 바이바이~! 해맑게 웃는다.

5부

1.　　지우 집 앞 (밤)

캐리어를 끌고 한 손에는 김밥 봉투를 들고 걸어가는 경도. 걸음이 터덜터덜.

경도　　그 먼 데까지 불러서. 플러팅도 아니고, 협박도 아니고.

경도, 걸음을 멈춘다.

경도　　지가 헷갈리는 거지 내가 무슨.

다다다 걸음을 더 빨리 걷는다.

2.　　지우 집 거실 (밤)

경도, 조진언과 마주 서 있다. 지우는 난감하게 둘을 본다.

조진언　　플러팅 중인데 짐은 왜 들고 오는데.

경도　　거야 내 플랜이니까 관심 갖지 마시고. 지우랑 할 말 있으면 다음에, 낮에, 카페나 어디서 대화하시지.

조진언　　지우야. 이건 너무한 거 아니야? 남편 기사도/

경도　　전남편.

조진언　　(쌍놈…) 기사 그것도 이 남자 매체에서 나가고. 이 남자랑 야밤에 사진 찍/

경도　　초저녁.

조진언	이봐!요!
경도	팩트에서 벗어나니까….
조진언	동거 플러팅이 팩트구나?
경도	길게 설명할 이유는 없고. 가시죠. 김밥도 먹어야 되고. 바쁘네 좀.

지우, 이 실랑이가 환장하겠다.

지우	진언 씨 이제 가줘.
조진언	야.
경도	야가 뭡니까?
지우	경도도 그만하고.
경도	(바로 냅다) 어.
조진언	내가. 이 상황을. 좌시하지 않아. 서지우, 너 이건 아니야.

경도, 현관으로 가 현관문을 연다. 조진언, 열받아 하며 현관으로.
경도를 계속 노려보는 조진언. 경도는 어쩔… 싱긋하며 보낸다.
현관문을 바로 닫아버리는 경도.
지우를 보면, 거실에 없다. 지우야~!!

3. 지우 집 욕실 (밤)

거울을 보는 지우. 복잡하고 감정이 튄다. 이런 미친… 사달을 낼 듯
나선다.

4. 지우 집 거실 (밤)

경도, 식탁에서 김밥 먹고 있다. 지우, 앞에 와 앉는다.

경도	너도 저녁 안 먹었지? 이거 먹어.
	너 참치김밥 좋아하잖아.
지우	맛있어?
경도	(자기 김밥 한번 보고) 이거 먹을래?
지우	십 분 줄게. 꼭꼭 씹어 처먹고, 나가.

경도, 꼭꼭 씹으며 지우를 본다. 타격이 없다. 열받는 지우.

지우	또 이런 식이면 너도 헷갈리는 거라고 했다.
경도	난 안 헷갈려. 넌 영국으로 가는 게 맞다고 생각해?
	난 니가 그 상태로 영국 가는 건 무책임하다고 생각해.
	유나이티드 킹덤에 웬 민폐야, 갈 때 가더라도 알콜은 정리하고 가.

지우, 이 뻔뻔함 뭐지… 캐리어를 본다.

지우	저 캐리어는 뭔데!
경도	니 말이 맞아. 공부하라고 할 거면 같이 책이라도 읽든가, 살 빼라고 할 거면 같이 운동이라도 하든가.
	술 끊으라고 지랄만 할 게 아니라, 밀착 케어 해주려고.
	나 알콜릭 프로그램 유경험자.

할 말 없지? 배실배실 빤히 보는 경도.

지우	여기서 살겠다고?

경도, 대답 않고 냉장고에서 생수 한 병을 꺼낸다. 하는 꼴을 어이없게 바라보는 지우.
경도, 물 마시며 집을 둘러본다.

경도	사람 눈이 참 간사해. 내가 비빌 집이다… 하고 보니까 좋네.

	니 집 엄청 좋다 야. 방은? 방은 몇 개야?
지우	너 삐델 방 없어.

경도, 웃기시네. 문마다 열어보며 체크.

경도	저긴 침실. (문 하나) 욕실… (문 둘) 드레스 룸? 오….
	(문 셋) 공부도 안 하는 애가 서재? 디피용이냐?
	(문 넷) 여기도 옷방이야? 역시 옷가게 따님!
지우	야!!!

경도, 소파로 와 앉는다. 생수를 야무지게 마신다.

지우	까지 말고 나가라.
경도	까긴 뭘 까. 그럼 난… 안방 써야겠다.
지우	장난해?
경도	너 내 침대 쓸 때, 나 어디서 잤어? 소파, 찜질방, 회사 숙직실.
	5, 6번 척추 뻐근해…. 나 소파에서 못 자.
지우	척추 다시 맞추고 싶냐?
경도	아우 유치해.
지우	니가 유치해 지금!!!
경도	아니, 뭔가 행동을 취했으면 책임도 져야지. 나이가 몇 갠데.
지우	내가 뭐, 내가 뭐!
경도	봐봐. 니가 우리 집에 쳐들어와서 며칠을 머물렀어. 그치?
	그때 니가 뭐랬어, 집에 오니까 누군가 기다리고 샤워하는 소리도
	들리고 너무 좋지 않냐, 온기 있지 않냐 했어, 안 했어.
지우	(어쩔)
경도	난 학습이 된 거야. 이 뇌가, 기억을 해버린 거야.
	집 안에 사람이 하나 더 있는 것이 이토록 컴포터블하다… 따뜻~~
	하다.
	그래서 이제. (빤히 본다) 혼자 못 있어.

지우, 뭐라고 버럭하려고 하는데 벌떡 일어나는 경도.

경도   안방에 욕실 있지?
지우   뒤진다….
경도   같이 잘래? 침대 넓지?

지우, 쿠션을 집어 던지는데, 슝~ 잘 피하며 안방으로 다다다! 들어
가는 경도.
지우, 헉헉… 숨차도록 약 오른다.

5.   지우 집 안방. 거실 (밤)

캐리어 손잡이 잡고 다리를 달달달 떨고 있는 경도.
손톱도 물어뜯는 거 같고. 막상 쳐들어왔는데 어쩔 줄 몰라 한다.
방 안을 휘휘 본다. 지우의 침대, 지우의 화장대, 지우의 욕실, 지우
의 잠옷.
어떡하지…. 이때 들리는 현관문 열렸다가 잠기는 전자음.
뭐야… 안방 문을 조심스레 살짝 여는 경도.

cut to.
거실. 지우가 안 보인다. 핸드폰을 열어 문자를 보내는 경도.

문자 인서트/
캐모마일 차 좀 사 와. 따뜻~하게.

6.   주차장 지우 자동차 안 (밤)

시동은 걸지 않은 채 운전석에 앉아 핸드폰을 보는 지우.

지우   웃기고… 아이씨….

          지우, 생각하자… 생각하자…. 어떡하지…. 연락처 앱 열어 '언니' 찾
          았다가 말고.
          다시 '세영 언니' 찾았다가 말고.

7.   지우 집 거실 (밤)

          옷을 갈아입고 소파에 다리를 꼬고 앉아 텔레비전을 보고 있는 경도.
          왜… 여유로워 보이는 걸까. 드디어 들려오는 현관문 비번 누르는
          전자음.
          문이 열렸으나, 쾅! 안전 걸쇠에 걸려 문이 열리지 않는다.
          경도, 현관을 바라본다. 지우의 손가락이 걸쇠를 풀어보려 애쓰는 거
          보인다.
          슬렁슬렁 현관으로 가는 경도.
          현관문을 사이에 두고 조금 열린 틈으로 대치 중인 경도와 지우.

지우   (소근) 열어.
경도   비번 내놔.
지우   (소근) 닥치고 열라고. 신고한다.
경도   통장으로 입금해도 되고.
지우   유치하게 (버럭) 이럴 거야! (아씨… 다시 소근) 알았으니까, 열어….
경도   너 같음 열겠냐?

          지우, 좌우를 살핀다.

지우   귀 대봐.
경도   왜에?
지우   비밀번호를 떠드니 그럼?

어리숙한 경도, 또 말린다. 주춤하다가 귀를 살짝 들이대 보는데,
지우가 그 귀를 잡아당긴다. 아아아~!!!! 아!!!

지우   니가 이러고도 살아남을 거 같아! 열어!
경도   놔라! 아아!!!

이때, 인기척 소리가 난다. 지우, 얼른 귀를 놓고 현관문을 닫아버린다.
경도, 아씨… 귀를 만진다. 상당히 아프다. 이어 지우에게 전화가 온다.

경도   밖에서 자고 싶냐? 아 아퍼 씨….
지우 소리   0917. 빨리 열어.
경도   비번 누르는 거 찍어서 동영상 보내.
지우 소리   사악한 새끼…. 여기 내 집이거든?
경도   저기도 내 집이었어, 이 여자야. 싫음 말고.
지우 소리   알았어 알았어… 알았어!

통화 끊기고, 잠시 후 비번 누르는 소리. 잠시 후 영상 도착 알림.
지우의 손이 잡힌, 문 여는 영상. 씨익 웃으며 걸쇠를 풀고 문을 열어
주는 경도.
지우, 들어서자마자 경도를 발로 걷어차는데, 경도 야무지게 피한다.

8.   지우 집 안방 (밤)

경도, 침대에 대자로 누워 있다. 지우, 그 꼬라지 보며 안방 문에 서
있다.

지우   야, 인간적으로 샤워는 거실 욕실에서 해.
경도   싫은데. 너도 내 욕실에서 샤워했잖아.
지우   거긴 하나밖에 없으니까 그랬지!

경도   집 크다고 유세해? 씻어볼까~!

벌떡 일어나 티셔츠를 벗으려 한다. 지우, 아 씨발… 안방 문을 쾅!!
닫는다.

9.   지우 집 거실 (밤)

소파에 이불을 덮고 누워 있는 지우. 핸드폰으로 이것저것 보는데
영 잠이 안 온다.
반쯤 일어나 안방을 본다. 기분이 이상하다. 무릎을 모으고 앉아 안
방을 바라본다.

10.   지우 집 안방 (밤)

지우의 침대에 이불도 덮지 않고 모로 누워 있는 경도.
안방 문을 바라보고 있다. 기분이 이상하다. 일어나 침대에 걸터앉아
방문을 바라본다.
어느새 피식 웃음이 나는 경도. 다시 모로 누워 방문만 바라본다. 눈
을 감는다.

11.   지우 집 거실 (아침)

경도, 출근 복장으로 나선다. 지우, 소파에 이불을 뒤집어쓰고 있다.

경도   그 흔한 시리얼도 없어. 너 술 그렇게 마시면서 식사 이 따위면 골
로 가. 뼈에 구멍 나서 걷지도 못해 너.

현관으로 가 신발을 신으며 협박.

경도   행여나 비번 바꾸고 그러면 일만 커져. 동네 망신 그런 거 기대하라고.

지우, 반응 없다. 경도, 시간 보더니 서둘러 나간다. 문이 잠기는 소리.
지우, 하… 다시 누워버린다.

12.   지우 집 현관 (낮)

지우, 비밀번호 바꿀까… 뚫어지게 본다. 어딘가에 전화를 건다.

지우   관리실이죠? 저기… 현관 비밀번호 바꾸려면 어떻게 해요?
제가 해본 적이 없어서….

13.   동운일보 연예부 사무실 안 (낮)

경도, 피곤한 얼굴로 일하는 중이다.
자리에 있는 한경, 경도의 하품을 본다.

한경   요즘 칼퇴근하던데, 저녁에 알바하니?
경도   제가 또 칼퇴근 얼마나 했다고….
부장이 오랜만에 데스크 지키시니까 괜히 피곤한 거 같기도 하고.
한경   니가 내 눈치나 보는 차장 놈이세요?

회사 전화가 울린다. 경도, 잔소리 피하려 얼른 당겨 받는다.

경도   (전화 받으며) 네 동운일보 연예붑니다.

14.   구치소 전화 공간 (낮)

안다혜 공중전화로 통화하고 있다.

안다혜   김두진 기자님 계신가요?
경도 소리   누구십니까?
안다혜   전화 받는 분은 누구신가요?
경도 소리   네 연예부 차장입니다.
안다혜   (흠… 비릿 웃고) 이경도 기자님? 저 안다혜예요.

15.   동운일보 연예부 사무실 안 (낮)

놀라는 경도. 두진의 빈자리를 본다.

경도   아… 오랜만이네요.

(이하 교차)

안다혜   시상식 때 뵙고 처음이죠? 진짜 오래됐네.
경도   그러게요. 두진 기자는 왜….
안다혜   아. 물어볼 게 있는데 핸드폰으로 전화해도 계속 안 받아서.
경도   그래요. (뭔가 이상하다) 혹시 무슨 일로….
안다혜   여기 있으니까 생각이 많아지더라고요. 시간이 너무 많아.
          아니… 이 기자님이 더 잘 알겠지만, 내가 이젠 뭐 탑스타도 아니고,
          걸그룹 핫한 애도 아니고. 근데 나를 몇 달씩 따라붙어서 불륜 기사
          내는 게… 부자연스럽지 않아요?

경도, 섣불리 대답하지 않는다.

안다혜	그래서 난 궁금해. 대체. 누가. 내 사생활을 제보했는지.
경도	(우선은) 제보자를 밝히는 건 어렵죠.
안다혜	그쵸? 근데 난 영 이상해. 뭐가 있는 거 같거든.
	내가 주인공이 아니고… 내가 미끼인가… 그런 생각이 들어서.
	김두진 기자님 만나면 전화 받으라고 전해주세요.
경도	저기요/

뚝 끊기는 전화.

한경	(의아) 무슨 전화야? 두진이는 왜 찾아.
경도	(직감적으로 일단 킵) 두진이 안티 같은데요?

한경, 그런가 보다 넘긴다. 하지만 경도는 찜찜하다.

16.   경도 본가 주방 (밤)

경도 모, 김치통을 야무지게 닫는다. 반찬통이 몇 개 보인다.

경도 모	잘 익었어. 라면 끓이지 말고 밥을 먹어.
경도	아빠는?
경도 모	오늘 유난히 드라이 세탁이 많아. 나도 다시 나가 봐야지.
경도	내려드릴게. 같이 가.
경도 모	아냐. 청소기 좀 돌리고 나갈 거야. (뜸 들이다)
	저기… 우리 교회 장로님이 조카가 있는데/
경도	엄마. 해외연수 나갈 놈이 선 같은 거 보면 되겠어? 안 되겠어?
경도 모	그 조카가 시카고에서 일한다잖아. 나이도 딱 좋고, 직장도 좋고.
경도	나 그럼 거기서 눌러살아?
경도 모	그 조카도 파견직이라잖아. 같이 들어오면 더 좋고.
	사진 볼래?

경도	청소기 돌려주고 갈까?

경도 모, 안 통했다. 젠장… 하지만 아쉬워하는 얼굴은 아니다.

17.　　지우 집 복도 (밤)

경도, 김치통과 반찬통 든 보따리 내려두고 긴장.
비밀번호를 바꿨으면 일 커지는데… 맘먹고 비밀번호를 하나… 하나… 누른다.
삐리릭! 문이 열린다.

경도	(오잉) 진짜루?

신나게 문을 열고 들어가는 경도.

18.　　지우 집 주방 (밤)

경도, 냉장고에 김치통과 반찬통을 넣고 있다.
지우, 환장하겠는 얼굴로 서 있다.

지우	이런 걸 왜 채우니?
경도	먹고 살아야지.
지우	하… 말도 지친다. 언제 나갈 거야? 리밋을 정하자.
경도	(냉장고 문 닫고) 라면 끓일 건데, 너도 하나?
지우	너랑 겸상할 생각 없고.

경도, 과연 니가… 웃기시네. 자신만만하다.

/경도, 라면을 끓여 식탁에 냄비째. 지우는 소파에 등지고 앉아 드라마를 본다.
먹음직스러운 김치. 경도, 더 유난하게 후후 불며 라면 냄새를 보낸다.

경도   우리 부장이 이 김치 먹겠다고 엄마 세탁소 애용하는 거 말했나?
16킬로? 서울에서 16킬로면…. (후루룩~)

지우, 관심 두지 않는다.

지우   하다 하다 이제 김치 플러팅?

경도, 안방으로 가 마이크 들고 나온다.
지우는 돌아보지 않는다. 경도, 마이크 켜서 입 가까이 두고 김치를 아자작!
지우, 뭐야? 놀라서 돌아보면, 경도, 마이크 켜고 ASMR 중이시다.
후루룩… 아사삭… 크…. 국물 후루룹….
거실 가득한 먹방 소리.

지우   미친놈 아냐?!!

경도, 김치 집어서 다시 아사삭… 아삭아삭… 지우 보며 약 올린다.
지우, 저거 뭐지… 맞은편에 앉는다.

지우   철 안 드니? 이게 재밌어?
경도   (배시시) 엄청 재밌지…. 젓가락 줄까?
지우   나이를 얼루 처먹은 건지 참….

하면서 경도의 젓가락 뺏어 드는 지우. 경도, 나이스 이겼다.
지우, 김치부터 한 입 먹는다. 라면과 김치를 마시는 듯한 지우.
경도, 물을 마시며 기특하게 보고 있다. 뿌듯하다.

19.　　지우 집 욕실 (밤)

경도, 거울로 자신의 상태를 확인한다. 좋아….
갑자기 푸시업을 마구 한다. 갑바를 만져본다. 맘에 든다.
다부진 얼굴로 출동.

20.　　지우 집 거실 (밤)

지우, 소파에 드러누워 텔레비전 보는 중인데, 웃통 깐 경도 등장.
손에 티셔츠 들고 있다. 지우, 놀라서 일어난다.

경도　　　여기에 너랑 나밖에 없어.
지우　　　왜 이래.
경도　　　참아보려고 했는데… 도저히 못 참겠어.
지우　　　(옷을 여미며) 야. 아니 갑자기….
경도　　　혼자서 할 순 없어.

경도, 지우 앞으로 점점 다가온다. 지우, 긴장 가득.

지우　　　왜 이래, 어머, 야! 야~!
경도　　　(파스를 쑥 내밀며) 손이 안 닿아.
지우　　　(아우 씨벌…)

경도, 깔깔거리며 소파에 앉는다.

경도　　　왜 긴장하냐고ㅋㅋㅋ. 얼굴 벌게진 거 봐 서지우ㅋㅋㅋㅋ.

경도의 등짝을 팍!!! 때리는 지우. 아프게 때렸다.

/소파. 지우 파스 들고 대기 중인데, 숨 참고 복근 유지 중인 경도.

지우   숨셔. 없는 복근이 숨 참는다고 생기니?

크허… 숨을 쉬는 경도. 자신의 복근을 본다.

경도   이 정도면 굉장한 거야 너.
지우   닥쳐. 앉아.

경도, 강아지처럼 지우에게 등을 보이고 앉는다.

경도   너 먹여 살린다고 김치통 저걸 들고.
지우   저게 무거워서 근육통이 오셨어? 죽어 그냥.
경도   (갸웃) 침대가 별룬가?
지우   삼천만 원짜리 매트리스가?
경도   (확 돌아보며) 삼천???
지우   (경도 턱 잡아 앞으로 돌리며) 대!!

경도, 다시 등을 댄다. 와 씨… 삼천?? 웅얼웅얼.

지우   어디!
경도   오른쪽 어깻죽지 약간 밑에.

지우, 어디라는 거야… 오른쪽 어깨… 약간 밑… 더듬어간다.
이게 뭐라고 두 사람 숨소리가 조용… 지우의 손길이 지날 때마다
경도 숨멎.
지우는 한 손엔 파스 들고, 한 손으로 경도의 살결을 지나가는데.

지우   (다소 얌전) 여기…?
경도   (다소 얌전) 어? 어….

지우, 파스를 붙여준다. 꼼꼼하게 밀착시켜준다. 경도, 왜 심장이 벌렁거리는 건지.
갑자기 지우 손이 경도의 옆구리 지나 양쪽 가슴을 턱… 백허그하듯 턱….
경도, 올 것이 온 건가… 침 꼴깍 넘기는데.

지우   심장 졸라 뛴다. 우리 경도 흥분했어~?

경도, 에이… 지우 손 내치고 티셔츠를 입는다.

지우   (웃겨 죽는다) 시작한 놈이 말렸어ㅋㅋㅋㅋ 아 웃겨ㅋㅋㅋㅋㅋ!!
경도   됐고. 나가자.

지우, 웃다 말고 엥?

21.   공원 (밤)

밤이라 조용한 공원. 경도와 지우 걷고 있다.

경도   술 생각날 타이밍 기가 막히게 알지 내가.
        앞으로도 술 땡긴다 싶으면 나와서 이렇게 걷자. 좋네.
지우   (심드렁) 우울증 환자한테 나가서 걷는 게 좋다고 백번 말해봐라.
        나가서 걸을 의지 있으면 우울증 환자 아니지.

경도, 지우의 말에 반박은 어렵다. 어떤 건지 자신도 안다.

경도   그러니까 내가 얼마나 소중해. 누구라도 옆에서 먹자, 쉬자, 걷자 하면 억지로라도 하거든. 그래 안 그래?
지우   힘들어. 앉고 싶어.

경도	얼마나 걸었다고 힘들어?

하면서도 벤치로 가 후후 불어 자리를 마련해준다.
지우와 경도 나란히 앉는다.

지우	(차분하게) 경도야.
경도	너 사람 만들고 나갈 거야. 그 얘기면 하지 마.
지우	(답답하다) 내가 사람이 아니면 짐승이니?

경도, 차분하게 마음을 이야기한다.

경도	알콜. 술 그거… 힘들어. 그래 내가 마셔봐서 아는데, 아주 힘들어.
지우	그렇게 안 마신다고.
경도	알콜릭 다들 그렇게 시작해. 위험할 만큼 안 마신다 어쩐다….
	내가 보니까, 너 지금이 경계야.
	여기서 조금만 더 나가면, 큰일 나. 험한 꼴 본다고.
지우	노력하고 있잖아.
경도	누구라도 옆에 있어야 안 마셔. 너 이렇게 영국이든 어디든 나서면 혼자서 뭐 하겠어. 거기 가족이 있니, 친구가 있니. 너 도망가는 거잖아.
지우	알콜릭 프로그램에 말이야.

경도, 내 말을 이해하는 건가 기분이 좋아지려 하는데.

지우	열받게 하는 사람이랑 분리시켜야 된다는 가이드는 없니?
	아우 술 땡겨.

앞질러 가버리는 지우. 경도, 어… 방어 못 한 채 종종 따라간다.

22.　　지우 집 거실 (밤)

조용한 한밤. 지우가 텔레비전을 켜두고 소파에 누워 잠을 청하고
있다.
의미 없는 예능 방송 소리.
지우, 잠이 오지 않는다. 일어나 앉는다. 안방 문을 바라본다.

23.　　지우 집 안방 (밤)

경도, 넓은 침대를 거의 비워두고 가장자리에 쭈그리고 누워 잠이
들어 있다.
안방 문이 조용히 열린다.
자고 있는 경도를 잠시 바라보는 지우 보인다. 다시 닫히는 문.

24.　　지우 집 주방 (아침)

경도가 출근 복장으로 안방에서 나온다.

경도　　저거, 삼천만 원짜리 매트리스 나랑 안 맞아.
난 오늘부터 소파… 어?

보면, 지우가 샌드위치를 포장에서 꺼내고 있다.
경도, 오우… 식탁 앞에 앉는다. 지우, 경도에게 샌드위치와 커피를
차려준다.
그리고 마주 앉아 있다.

경도　　이러면 부담인데. 아침 차려주는 거야?

신나게 먹는 경도.

지우   (방긋) 맛있어?

경도   완전 맛있어.

지우   그런 거야, 소 돼지 잡기 전에 잘 먹이는 거, 그런 거.

경도   (꿀꺽) 넌 아침부터 증말.

지우   오늘도 여기로 퇴근하면, 넌 뒈진다고 봐야 돼. 명심해.

경도   (귓등으로도 안 듣는) 내일은 우유루 주라. 난 샌드위치엔 우유가 좋드라?

지우, 하… 한숨.

25.   경도 집 거실 (낮)

비밀번호 누르는 소리. 문이 열리고 지우가 들어온다.
경도의 캐리어를 끌고 들어온다.
거실 탁자 옆에 캐리어를 둔다. 하… 집을 둘러본다.

26.   동운일보 연예부 사무실 안 (낮)

경도, 책상에 앉아 있다. 문자가 온다.

문자 인서트/
짐 너네 집에 가져다 놨어. 다시 들고 오면 신고한다.

경도, 흠… 마음이 좀 안 좋다.

27.　　　경도 집 거실 (밤)

캐리어를 열어 옷들을 꺼내고 있는 경도. 냄새를 맡아본다.

경도　　　좀 빨아 넣지….

세탁할 옷들을 꺼낸다. 착잡하다. 손을 멈춘다.
이대로 물러서나 어쩌나 복잡한 마음에 소파에 털썩 앉는다.

28.　　　자림어패럴 강민우 상무실 안 (낮)

강민우, 당황한 기색으로 책상에서 일어난다.
배준수가 화가 난 얼굴로 들어와 책상 앞으로 와 선다.

강민우　　내가 나간다니까 보는 눈도 있는데 회사엘/
배준수　　내가 무슨 리스트 받았는지 알아?

강민우의 낭패인 얼굴. 배준수, 다짜고짜 핸드폰 액정 열어 강민우
코앞에 내민다.
회사 이름과 개인 이름들과 영어 이름들 적혀 있는 메모.

배준수　　여기 오웬 강! 너지. 너 맞지!!

강민우, 당황한 기색을 감추며 배준수를 소파에 데려와 앉힌다.

강민우　　진정해. 내가 설명할게.
배준수　　설명할 게 뭐가 있어. 이미 사기 친 놈들 증발해버렸는데!

강민우, 하… 한숨만 나온다. 머리를 벅벅 긁어버린다.

배준수	누가 이런 펀드에 낚일까 했다. 너 얼마나 꽂았어.
강민우	…. (다 꽂았다)
배준수	(더 망연자실) 300억… 다 넣었어?
강민우	걱정하지 마. 회사 팔리면 니 돈 먼저 정리할 거야.
배준수	(미치겠네…) 너 이 찌라시 곧 안 터질 거 같아? 니 와이프가 언제까지 모를 거 같은데…!

강민우, 일어나 책상에서 핸드폰을 가져온다.
영상을 켜서 배준수 앞에 슥 밀어준다.

인서트/
2부 S#30 한정식집 룸 안. 지연의 치매 증상.

맙소사… 입을 막는 배준수.

강민우	그래도 내 와이푼데 이런 영상 안 보여주고 싶어 준수야. 너 진정하라고 까는 거야. 곧이라고 몇 번 말하냐. 이 사람 사기를 당하는지 치는지 알 거 같아? 이 지경인데?
배준수	…. (그래도 미심쩍다)
강민우	막말로 너보다 내가 더 피가 마르지 인마. 300억을 날려 먹었는데. 최 전무 다 감아놨어. 맨자르 가져가라니까 좋다고 달려들더라. 나머진 걱정하지 마. 너만 값 잘 받아 오면 되는 거야.

배준수, 멈춰진 영상을 한 번 보고, 강민우를 보고, 그래… 일단 수긍
한다.

29.   지우 집 거실 (밤)

지우, 통화 중이다.

지우	(영어) 런던은 날씨 어때? 진짜? (듣는다) 런던 갈 거야, 여기 정리할 일이 좀 남았어. (듣는다) 곧 가긴 가야 하는데…. (아득한 얼굴) 내가 여기에 이렇게 미련이 많았나…. 나도 내가 이상해. 아니 그런 건 아니고. 다니엘 대표님에게 편집샵의 정수를 배워야지! (웃는다)

초인종 소리 들린다. 인터폰 앞으로 가는 지우. 경도다.

지우	(영어) 내가 또 전화할게. 손님이 왔어. 응. 응. 곧 봐. (전화 끊고) 미쳤나 봐. (인터폰 통화) 또 오면 신고한다 했지.
경도 소리	심부름.
지우	이번엔 뭐, 사시미 배달 왔니?
경도 소리	세영 누나가 보내서 왔거든!

지우, 뭐지… 또 속아준다. 문을 열어주면 경도 들어온다.

지우	신발 벗지 말고. 거기서 말해.

경도, 무시한다. 들어서며 거실로 온다.

경도	나가자.
지우	어딜. 왜.
경도	우식이 형 공연 중이거든. 세영 누나가 너 데리고 오래.
지우	난 못 들었는데.
경도	내가 전하잖아. 가자 얼른.
지우	갑자기….
경도	(시간 본다) 지금 가야 저녁 먹고 공연 볼 수 있어.
지우	미안한데. 나 답답한 데 오래 앉아 있는 거 힘들어. 세영 언니랑은 내가 통화할게.

경도, 지우가 힘들다는 말에 작전이 흔들린다.

경도	저녁은 먹었냐?
지우	아직 저녁 시간 아니지 않니?
경도	이왕 온 거, 나가자. 밥도 먹고 산책도 하고.
지우	그노무 산책… 재미없어.
경도	재미… 야간 개장 갈래? 놀이공원?
지우	사람 많은 데 기 빨려.

철벽 치는 지우. 경도, 작전이 자꾸 엇나간다.

경도	조용한 놀이공원 있으면, 갈래?
지우	뭐, 통대관이라도 하시게?
경도	어떻게 알았어???
지우	이젠 미쳐가는 거야?
경도	(씩 웃는다) 너 있잖아. 만약에. 내가 놀이공원 통대관해서 데려가면. 뭐 걸래?

지우, 제정신인가… 한심하게 본다.

지우	뭐 걸까.
경도	…. 어… 아! 너 회사 출근해라.
지우	(통대관이 될 리 없다 확신) 그래. 해 출근.

경도, 무슨 자신감인지 눈동자에 똘끼가 데굴거린다.

30. 대학로 소극장 안 (밤)

우식이 분장을 하고 연극을 공연 중이다. 다른 남자배우와 공연.

지루한 대사들. 관객은 2인. 세영과 정민뿐이다.
세영, 점점 눈에 졸음이 몰려온다. 정민은 감상하는 척 눈 감고 자고
있다.

우식   (무대 끝까지 나오며) 답답한 인간…. 아직도 그 녀석 말을 믿고 있
        잖아. 언제까지 속을 건지 내 속이 불덩이다!

우식의 눈빛을 받아야 하는 관객은 오직 세영뿐. 세영, 허벅지를 꼬
집으며 잠을 깨운다.

남배우   (우식 곁으로 오며) 어때, 내 말이 일리가 있지? 사람의 무의식은 신
        밖에는 알 수가 없어. 아니… (세영을 보며) 신조차 모를 수도.

세영, 두 배우의 시선이 오롯이 자신에게 쏠려 눈동자가 흔들린다.
세영, 자고 있는 정민을 발로 툭 친다. 정민, 크허… 잠이 깬다.

/무대의 불이 켜져 있고. 배우들이 달려 나와 커튼콜.
세영과 정민, 일어서서 박수로 화답한다.
세영과 정민, 한 명 한 명 달려 나올 때마다 박수를 계~속 치고 있다.
팔이 아프다. 우식이 달려 나온다. 박수를 더 열심히 치는 세영과 정민.

31.   막걸리집 (밤)

세영, 우식, 정민이 막걸리를 마시고 있다.

세영   넌 눈물 연기 진짜 잘하는 거 같아. 박보검보다 잘 울어 니가.
우식   박보검보다 잘생겼어야 했는데.
정민   (우식의 턱을 잡고 요리조리 본다) 성형을 해도 안 돼 그건.

우식, 고개를 홱 돌린다. 세영, 재밌다고 웃는다.

정민　　지우야 그렇다 치고, 경도는 공연 와봐야 되는 거 아니냐?
　　　　하여튼 서지우 등장하고 이경도 정신줄 놨어.
세영　　경도 못 와서 이렇게 막걸리라도 마시는 줄 알아.
우식　　경도 왔었어. 두 번이나 왔는데.

정민, 올… 역시. 파전을 먹는다.

우식　　그 뭐냐. 경도랑 지우랑… 이번에는 좀 어떠케 잘될라나?
정민　　그때 잘됐어야 했어. 니들 결혼식 때.

그런가… 셋 다 잠시 각자의 생각으로 술잔을, 젓가락을, 물을 찾는다.

32.　　2015. 평범한 결혼식장 전경 (낮)

자막 / 2015년

결혼식 하객들이 식장 건물로 들어간다.
그 사이에 경도가 터벅터벅 걸어간다. 스물여덟의 평범하고 또 핸섬
한 경도다.

33.　　2015. 신부대기실 안 (낮)

웨딩드레스를 입은 세영, 친구들과 사진 찍고 있다.
환하게 웃으며 사진 찍던 세영의 얼굴이 놀라움으로 어…!!
보면, 입구로 들어서 있는 지우. 어색하게 미소 짓고 있다.

세영	지우야!!!

친구들 식장으로 가고, 지우 세영 곁으로 와 앉는다.

지우	언니가 결혼하는 걸 보네. 너무 이쁘다.
세영	결혼식 보러 온 거야? 진짜?
지우	오라고 메일 보낸 거 아니었어? (웃는다) 집에 일도 있고… 겸사겸사.
세영	잘 왔어, 진짜 잘 왔어! 니가 와야지…. 지리멸렬 매니전데.

지우, 그래… 세영의 예쁜 모습을 하나하나 눈에 담는다.

34. 2015. 결혼식장 안 (낮)

세영과 우식이 신부 신랑이 되어 입장 중이다.
버진로드 옆으로 하객들 박수를 치며 오늘의 주인공을 보고 있다.
경도, 뒤쪽에 서서 축하의 박수를 보내는데, 문득 시선에 들어오는
지우.
건너편 하객 측 뒤쪽에서 앞으로 천천히 걸어가는 지우를 본다.
너무나 놀라는 경도… 지우도 고개를 돌리다 경도를 보게 된다.
순식간에 아련해지는 두 사람의 눈빛.
우식과 세영의 입장 속도에 맞춰 각자 앞으로 걸어 나간다.
두 눈을 서로에게서 떼지 못하고 뭔가에 홀린 듯, 앞쪽으로 걸어간다.
걸음을 멈추고 서로 바라보고 있는 경도와 지우.

35. 2015. 결혼식장 건물 앞 (낮)

식이 진행 중인데 조용히 나오는 지우.
한 번 더 뒤돌아보고 다시 걸어 나가는데.

경도 소리   나 보고 가.

흔들리는 지우 눈. 하지만 아무렇지도 않게 돌아서 웃는다.

지우   오랜만이다.

경도도 다가온다. 가까이 마주 선 지우와 경도.
경도, 막상 무슨 말을 해야 할지 모르겠다.

경도   뉴욕에 산다며.
지우   응.
경도   누나 결혼식 때문에 나온 거야?
지우   겸사겸사.
경도   ….
지우   ….
경도   언제 들어가?
지우   곧.

다시 말이 없는 지우.

지우   기자 됐더라.
경도   응.
지우   멋있다.
경도   ….
지우   갈게. (망설이다) 속도 없이. 너 보니까… 좋다.

지우, 돌아서 간다. 경도, 멀어지는 지우를 바라본다.

경도   야!!!

지우 돌아본다. 뭐라도 잡고 늘어지고 싶은, 버티고 싶은 애처로운
경도의 눈.

경도   말이라도 하고 갔어야지. 사람이… 이러저러해서. 일이 어떻게 돼서.
       떠나야 한다고 말은… 인사는 하고 갔어야지.

아직도 경도는 지우가 선명하다. 주머니에 넣은 손가락이 가만 있지
못하고, 초조함을 그대로 내뱉고 있다.

지우   (잠시 파란 하늘을 본 후) 뭐라고 인사를 해.
       너랑 이제 그만 만나고 싶어, 잘 있어. 그런 말 해?
경도   (말문이 막힌다)
지우   그때 너는, 점점 슬퍼 보이는데, 내가 뭘 할 수 있었겠어.

지우, 차갑게 돌아서 간다. 다시 무너지는 경도.

36.　　2015. 결혼식장 주차장 (낮)

세영과 우식이 추리닝 차림으로 신혼 웨딩카를 탄다.
운전석엔 정민이 준비 중이다.
다들 인사하고. 경도도 어색하게 사람들 사이에서 손을 흔들다 민망
하고.
출발하려는 차로 달려가서 한다는 말.

경도   지우 전화번호 내놔.
세영   이 돌은 놈아! 그게 누나 결혼식에 발목 잡을 일이야!
우식   일이지.
세영   진짜 니들은 가식 덩어리야. 진작 찾든지!

하면서도 이미 핸드폰으로 연락처 넘긴다.

37.   2015. 동네 술집 (밤)

경도가 혼자 술을 마시고 있다. 이미 좀 마셨다.
핸드폰을 들고 지우 연락처 연다. 하지만 통화 버튼 못 누르고.
다시 소주를 마시고.
다시 핸드폰 열어 지우 번호 열고. 못 누르고.

(시간 경과)
손님이 다 빠져 청소 중이다.
여전히 핸드폰만 들고 멍하게 앉아 있는 경도.

38.   2015. 호텔 룸 (밤)

지우 캐리어에 짐을 넣고 있다. 착잡한지 소파에 앉아 멍하다.
핸드폰이 울린다. 모르는 번호. 떨리는 손…. 받는다.

경도 소리	서지우.
지우	….
경도 소리	씨발 서지우!!!
지우	응.
경도 소리	나와. 당장 처나와!!!!

욕을 듣고도 웃고 있는 지우. 뭔가 살 거 같은 얼굴이다.

39.   2015. 한강 강변 (밤)

벤치에 누워 술에 절어 있는 경도.
핸드폰이 울리는데 일어나질 못한다.
핸드폰 벨소리 들으며 전화를 건 상태로 지우 다가온다. 찾았다.

지우   주정뱅이네.

술에 취해 잠든 경도 앞에 다가가 앉아 그 얼굴을 가만히 들여다본다.
너무 그리운 얼굴이다. 이젠 함께할 수 없는 사람이라 더 애절하게
바라본다.
손으로 경도의 얼굴을 만져보려 하다가 허공에서 멈춘다.
경도의 손을 잡아보고 싶다. 하지만 그냥 일어나 눈물만 참는다.

경도, 뒤척이다가 바닥으로 떨어진다. 아프다.
보면, 지우가 옛날의 그 얼굴, 8년 전의 까칠한 얼굴로 내려다보고
있다.
벌떡 일어나는 경도. 아 허리야… 여전히 취해 있다.

지우   동운일보 기자가 이래도 되나?
경도   에이스야. 이런 걸로 흔들릴 포지션 아니야.

목이 마른 경도. 지우가 마시던 생수를 준다.
아무 생각 없이 마시는 경도.

지우   내가 입 댄 건데.
경도   어쩌라고 씨발.
지우   너 욕 잘한다 이제?
경도   덕분에.
지우   술 많이 마셨어? 엄청 취했는데?

경도	맨정신에 만나면 너 죽일 거 같아서.
지우	(곁에 앉으며) 죽어도 아쉬운 건 없다.

경도, 일어나 왔다 갔다….

경도	죽든지 말든지. 설명은 하고 가.
지우	….
경도	뭐라도 좀 말을 해!! 답이나 알고 살게… 씨발….

울 거 같은 경도. 에이… 한강을 본다.

지우	그때. 어땠어 경도야?

경도, 돌아본다. 여전히 마음 아프고 울 거 같은 얼굴이다.

지우	(차분하다) 성실하게 살아오신 부모님 일상이… 다르게 보인다는 말.
	어머니가 한 달 내내 부업해서 모은 돈이 32만 원 그 티셔츠 한 장
	값이라는 그 말…. 그때 많이 아팠지 경도야.

경도, 대답 대신 다시 한강을 바라본다. 먼 기억인데 여전히 가슴이
아프다.

지우	굳이 누군가에게 꺼내서 설명 안 해도 되는 말인데,
	스무 살, 고작 스무 살인 이경도가 거짓말쟁이 서지우를 사랑한다는
	이유 하나 때문에. (생각하면 또 가슴이 먹먹하다)
	그렇게 한 번으로 끝나지 않겠구나 생각했어. 넌 자주 아프고 슬퍼
	지겠구나. 그런 생각을 했어.
	(눈물을 참는다) 스무 살 나는… 방법을 모르겠더라고.
	내가 니 옆에 있으면 안 된다는 생각밖에는… 아무것도 모르겠더라고.

경도, 너무 속상하다. 더 슬프다.

경도   돈까스 먹이겠다고 우긴 나도. 다 니 탓이라고 생각한 너도.
그래 우리가 고작… 스물이었어.

고개 숙이고 우는 지우. 지우 앞으로 가 서는 경도.
머리라도 안아주고 싶은데… 마음이 아픈 옛 연인.

(시간 경과)
해가 뜨고 있다. 여전히 멍하게 앉아 있는 지우와 경도.

경도   배고프다.
지우   나도.

40.   2015. 한강 편의점 (이른 아침)

운동하는 사람들 달리고 자전거 타고 걷는데.
부스스한 경도와 졸린 지우가 컵라면 물을 붓고 기다린다.

지우   세영이 언니랑 우식이 오빠랑 결혼할 줄 몰랐어. 맨날 싸웠잖아.
경도   싸우다 정든 거지.

감정을 다 쏟아내 지친 두 사람의 힘 빠진 대화.
라면이 익었다. 둘 다 정신없이 먹는다. 아무 말도 없이 집중해서 먹는다.

경도   (국물 다 마시고는) 언제 가.
지우   오늘.
경도   ….

지우　너 바로 출근해야겠다.
경도　…. 가자. 택시 태워줄게.

이 시간이 아쉬운 지우. 경도도 그렇지만 딱히 잡을 명분이 없다.

41.　　　2015. 도로 (아침)

경도가 택시를 세운다. 문을 열어준다.
지우, 뭐라고 인사해야 할지 모르겠다. 머뭇… 딱히 명분이 없어 그
냥 탄다.
경도도 별다른 인사말을 찾지 못해 문을 잡고 있다가… 닫아준다.
지우를 태운 택시가 멀어진다. 경도 우두커니 서서 바라본다.

42.　　　2015. 택시 안 (아침)

지우가 돌아본다. 저만치 경도가 멀어진다.
경도가 보이지 않자 돌아앉는다. 해결할 수 없는 답답함과 짜증에
이마를 신경질적으로 매만지는 지우. 애처로운 어린아이 같다.

43.　　　2015. 동운일보 로비 (밤)

경도가 피곤한 얼굴로 나온다. 아침 복장 그대로 꼬질하다.
동료와 인사를 하고 무심히 걸어 나오는데… 걸음을 멈춘다.
눈동자가 흔들린다.
로비 게스트 테이블에 지우가 서 있다. 캐리어를 곁에 두고 서 있다.
경도가 화를 내면 어떡하나 노심초사인 지우.
센 척한다고 뻗대고 서 있는데 불안한 아이 같다.

경도… 미쳤나 보다. 웃게 된다.
지우, 경도가 웃자, 안도하며 조금 웃는다.
경도, 다가와 지우의 캐리어를 잡는다.

지우	비행기 갔어.
경도	처자다 놓쳤냐?
지우	(확 씨…) 잠을 못 자서 놓쳤어, 잠을 못 자서.

경도가 지우의 캐리어를 끈다. 지우가 종종 따라간다.
팔짱 끼기 딱 좋은 각인데 그러지 못한다.

44. 2015. 경도 자취방 안 (밤)

작은 원룸. 싱글침대 하나. 식탁 겸 책상 하나. 최소한의 살림.
문이 열리고 경도가 지우의 캐리어를 끌고 들어온다.
그 뒤로 지우가 쭈뼛 들어온다.

경도	넓진 않아.
지우	(들어와 둘러보더니) 넓진 않네.
경도	야. 사람이 애티튜드 그런 게 있어. 혼자 살기 딱 좋네. 아늑하네. 많잖아?
지우	여기 욕실?
경도	여전히 지 말만 하는구만.

지우, 문 열어보고.

지우	청소 언제 했어.
경도	…. 얼마 안 됐을걸.
지우	무슨 가정집 욕실에서 공중화장실 냄새가 나냐.

경도	호텔 가 너.
지우	못 가. 나 샌 거 알면 우리 엄마 호텔 다 뒤진단 말이야.
경도	그럼 투덜거리지 마.
지우	잘해준다는 말을 믿은 내가 어렸지.
경도	쉬어. 냉장고에 물밖에 없으니까 필요한 거 있음 전화해.

지우, 놀란다.

지우	너 어디 가??
경도	근처 사우나나 뭐… 찜질방이나.
지우	나보고 여기 혼자 있으라고? (가방 다시 잡으며) 내가 찜질방으로 갈래. 모텔을 잡든가 뭐.

경도, 다급하게 지우 팔을 잡는다.

경도	승질은 하여튼. (팔을 놔주며) 슈퍼 갔다 올게. 욕실 세제 사야 돼.

지우, 활짝 웃는다.

45.   2015. 슈퍼 안 (밤)

경도가 상기된 얼굴로 욕실 세제, 샴푸, 린스, 바디워시 등을 담는다.
계산대로 가다가 칫솔도 집는다. 부질없이 좋다.

46.   2015. 경도 자취방 안 (밤)

경도가 헐레벌떡 들어온다.

경도	칫솔 없지!

헐레벌떡 들어왔는데, 지우가 침대에 모로 누워 깊이 잠이 들어 있다.
피식 웃음이 나는 경도. 봉지를 내려두고 지우 곁에 와 걸터앉는다.
잠든 지우의 얼굴을 한참을 바라본다.
얼굴을 만져보고 싶지만 참는다. 그저… 지우의 손에 자신의 손을
포개본다.

(시간 경과)
지우는 여전히 깊은 단잠 중이다.
욕실 안에서 솔로 벅벅 닦는 소리가 난다.
경도의 흥얼거리는 소리가 작게 들려온다.

47. 2015. 동운일보 문화부 사무실 안 (낮)

일이 손에 안 잡히는 경도.
웰빙라이프 시리즈 작성 중이다.
커서만 깜박인다. 앳된 진한경 팀장, 경도를 슬쩍 본다.

한경	이런 모습 낯설다? 커서가 한 시간째 깜박거리고 있어?
경도	아무래도 보충 취재를 해야 될 거 같은데요.
한경	이런 모습도 낯설다?
경도	요즘 너무 안일했어. (가방 챙겨 든다) 발로 뛰고 오겠습니다!

경도, 서둘러 나간다.

48.   2015. 동운일보 앞 (낮)

택시를 잡는 경도. 얼른 올라탄다.

경도   집이요.
택시기사   네?
경도   아… 연남동이요.

경도, 마음이 급한지 발을 동동….

49.   2015. 경도 자취방 안 (낮)

비밀번호 누르는 소리. 경도가 서둘러 들어온다.

경도   점심 먹었어?!!

들어와 보면 지우가 없다. 두리번… 캐리어가 안 보인다.
입이 마르는 경도. 아씨… 다급하게 지우에게 전화를 건다.

경도   어디야!!
지우 소리   빨래방.
경도   빨… 하… 말을 하고 가야지….

경도, 이미 다시 나가고 있다.

50.   2015. 빨래방 (낮)

건조를 기다리는 지우. 경도가 달려왔는지 숨이 차서 들어온다.

놀라는 지우.

지우	진짜 일찍 왔네?
경도	빨래… 집에 세탁기 있잖아.
지우	그냥… 바람도 쐬고. 10분 남았어. 근데 너 왜 이렇게 일찍 왔어?
경도	일이 일찍 끝났어. 너 심심할까 봐 서둘렀어.
지우	멋지다?
경도	이천칠 년부터 줄곧 멋졌어. 너만 모르지.

지우, 쓸쓸하게 웃는다. 나란히 앉아 건조기를 본다.

51.   2015. 편의점 앞 (낮)

편의점 테라스에 앉아 나란히 아이스크림 먹는 경도와 지우.

경도	뉴욕에선 뭐 했어.
지우	학교를… 너무 오래 다녀. 하다 보니까 박사과정이야.
경도	전공이 뭔데.
지우	미학. 딱히 할 게 없어. 공부나 하는 거지 뭐.

경도, 어정쩡한 이 시간이 불안하다.

경도	학위는 마쳐야지.
지우	(경도를 빤히 본다. 화난 건가) 가라는 거야?
경도	어? 아니 내 말은….
지우	하루 재워주고 졸라 유세다 진짜.
경도	내 말은.
지우	나 안 가. (캐리어 발로 퉁 치며) 이거 끌고 니네 회사 앞에 갔을 땐, 결정한 거야. 적어도 나는. (경도 본다) 너만 결정하면 돼.

지우, 경도가 뭐라 대답할지 몰라 초조하다. 아닌 척 아이스크림을
열심히 먹는다.
침묵이 길어진다.

경도   아… 괜히 일찍 도망 나왔네.
지우   (뭐라는 거야 젠장…)
경도   회사 짤리면 안 되는데. 서지우를… 먹여 살려보자!

경도, 싱긋 웃으며 지우를 본다. 지우, 이제야 가슴이 뻥 뚫린다.
환하게 웃으며 아이스크림 야무지게 먹는다.

52.   2015. 연남동 골목 (낮)

경도, 지우의 캐리어를 끌고 걷는다. 지우는 경도의 팔짱을 끼고 걷
는다.

지우   노래 들으면서 가자.

이어폰 한쪽을 내주는 지우.

경도   무슨 노래 들어?
지우   〈꿈에〉 난 이 노래가 그렇게 좋드라.

노래 들으며 걷는 지우와 경도.

53.   2015. 몽타주. 박정현 〈꿈에〉

어떤 말을 해야 하는지 난 너무 가슴이 떨려서

우리 옛날 그대로의 모습으로 만나고 있네요.

/한밤. 지우는 침대에 경도는 바닥에. 서로 자는 척하지만 잠들지 못한다.
지우가 일어나 앉는다. 경도도 벌떡 일어난다.

지우 너 해봤어?
경도 (식겁… 당황…) 뭐, 뭐를.
지우 난 처음 아니거든. 넌 해봤냐고.
경도 그러게 뭐를. (장난친다)
지우 자빠져 자.

지우, 벽 보고 돌아눕는다. 경도, 지우의 팔을 잡아 침대에서 끌어 내린다.
지우 버틴다. 둘 다 끌고 버티고 하다가 바닥으로 굴러떨어진다.
뭐가 그렇게 웃긴지 둘 다 세상 맑고 밝다.
얼굴이 가까이 닿은 경도와 지우. 장난기는 사라지고 떨리는 키스를 나누며 이어간다.

이건 꿈인 걸 알지만 지금 이대로 깨지 않고서
영원히 잠잘 수 있다면…

/작은 베란다에 빨래건조대. 경도와 지우의 옷이 나란히 마르고 있다.
경도의 작은 책상 위에 지우의 화장품들.

/한낮. 나란히 누워 낮잠을 자는 지우와 경도.

/목욕탕 앞. 경도가 먼저 나와 바나나우유를 마시고 있다.
지우가 나온다. 젖은 머리 말갛게 예쁜 얼굴.
경도 바나나우유 뺏어 마신다.

날 안아주네요, 예전 모습처럼
그동안 힘들었지 나를 보며 위로하네요.

/좁은 침대 위 경도와 지우.
지우를 꼭 안고 있는 경도, 좁은 침대가 오히려 남는다.

/옷장에서 오렌지색 티셔츠를 꺼내는 지우. 헐… 경도를 본다.
경도, 아 왜…!! 뺏는다. 지우, 다시 뺏어서 흔들어 보이며 깔깔 웃
는다.

내 손을 잡네요, 지친 맘 쉬라며.
지금도 그대 손이 그때처럼 따뜻하네요.

/집 앞 골목 (밤)
지우가 경도의 오렌지 티셔츠를 입고 서성인다. 저 끝에 퇴근하는
경도가 나타났다.
지우, 어린아이처럼 달려간다. 그런 지우를 번쩍 안는 경도.

혹시 이게 꿈이란 걸 그대가 알게 하진 않을 거야,
내가 정말 잘할 거야, 그대 다른 생각 못 하도록.

/연남동 공원. 예쁜 돗자리. 지우는 경도의 다리를 베고 누워 노트북
으로 영화 본다.
경도는 책을 읽는다. 지우가 손을 펴 내밀면, 경도는 과자를 집어 손
에 올려준다.
영화를 보고, 책을 읽는다.

그대 이젠 가지 마요, 그냥 여기서 나와 있어줘요.
나도 깨지 않을게요, 이젠 보내지 않을 거예요.

54.   현재. 후랜드 주차장 (밤)

지우의 자동차가 선다. 다른 자동차가 한 대도 없다.
놀이공원은커녕 주위가 스산하다.
경도가 내리고, 지우가 내린다. 경도, 입구로 성큼성큼 걸어간다.
지우, 이상하다. 경도 팔을 잡는다.

지우   야. 집에 가 그냥. 뭐야 이게….
경도   (핸드폰 들여다보며) 기다려봐. 사람이 왜케 섣불러.
       네 사장님! 네~!

잠시 후, 타다다닥! [후랜드] 간판에 불이 들어온다.
이후, 장내의 놀이기구들이 아기자기 조명이 켜진다.
제법 근사한 야간 개장. 재미난 음악이 흘러나온다.
지우를 돌아보는 경도. 지우, 헐…이면서도 와…!

경도   못 할 줄 알았냐? (뿌듯)
지우   놀이공원이, 너 닮았어. (경도를 보며 행복 가득 싱긋) 똘망똘망 귀
       엽다.

지우, 좋아하며 입구로 들어간다.

경도   똘망…. (좋아하는 지우를 보니 좋다) 출근 준비 단단히 해 너!
지우   (뒤돌아 방긋) 나 여기로 출근할래!

신나는 지우. 기분 좋은 경도.

55.   후랜드 안 (밤)

사람 좋게 생긴 사장님이 경도와 사전정산 중이다.
지우, 좀 떨어진 곳에서 지켜보는데, 재밌어하는 얼굴이다.

경도   야간 개장 안 하시잖아. 원래 손님 안 받는 시간인데, 왜케 비싸요?

사장님   야간 개장을 왜 안 해, 가끔 하지.
         보통은, 내가 이제 컨디션이 올라와서 야간 개장을 하면은,
         최~소 열두 명은 와. 늘! 지금까지 데이터상 그래.
         근데 이 기자는 지금, 십 명의 입장료만 지불한 거야.
         이럼 나는 전기세도 안 나오지 뭐.

지우, 풉… 고개 돌려 웃는다. 경도, 모양이 빠진다.
이상한데… 하면서도 핸드폰을 연다.

경도   바가지 요금 같은데…?

사장님   전~혀. (지우 보면서) 전기세 내면 남는 것도 없지 뭐.
         거의 문화공헌사업이라 봐야지. 내가 이 기자가 쓴 기사 덕분에 시
         청이랑 정리가 잘돼 가지고 아직 영업도 하고…,
         그래서 전기세만 받고 문화공헌, 연애 사업지원 하는 거지.

지우   좋은 일 하시네요. (싱긋)

사장님   (지우에게 소근) 이런 식으로 이어준 부부가 셀 수가 없어요.

지우   오….

경도   이런 식으로 낚인 사람도 셀 수가 없지 뭐.

사장님   큰 날 소리 한다. 자, 뭐부터 돌려 재끼까~?

장난기 가득한 사장님과 투덜거리는 경도. 지우는 벌써 회전목마 앞
으로 달려간다.

56.   후랜드 몽타주

/회전목마를 타는 지우와 경도. 여러 말을 타고 내리며 신난다.
바람에 날리는 지우의 머리카락, 스커트, 미소… 밤이 싱그럽다.

/꼬마 기차. 떨어져 앉아 서로 돌아보며 재밌다.

/범퍼카. 두 사람만 신나게 부딪치며.

/나름 롤러코스터. 꺅꺅 소리 지르며 지우는 마냥 좋다. 경도는 어
우… 쏠린다.

/바이킹. 경도 사색. 지우는 재밌다.

지우   사장님 한 번 더~!!!
마이크 소리   (묵직한) 오우케이.

경도는 안 된다고 엑스를 하지만 바이킹은 더 올라간다.

57.   고급 바 (밤)

조진언이 변호사(남 40대 중반)를 만나고 있다.
조진언 좀 취해 있다.

변호사   그게 무슨 말씀이신지.
조진언   박 변이 내 이혼 변호를 설렁설렁 하신 거 같다… 그 말이죠.
변호사   (답답하다) 마약은… 아시면서 그러세요. 제가 충분히 설명드렸고/
조진언   아니아니아니~! 내 말은! (진정하고) 우리가 말렸다는 겁니다.
        서지우랑 그 새끼랑 진작부터 작전을 짜고 있었던 거라고.

	나 치워내고, 그 연놈들이 붙어먹으려고 마약 터뜨린 거라고요. 네?
변호사	그 새끼…라뇨?
조진언	동운일보 연예부 차장 이경도. 그 새끼가 내 기사 썼잖아….
	그것들 지금 동거하고 있다니까?
변호사	…!!
조진언	오늘 내가 하고 싶은 의뢰는, 이 이혼… 뒤집을 수 있죠?

변호사, 뜻밖의 말에 입이 마른다. 물을 마신다.

조진언	뒤집어야 돼. 서지우 데려와요.

58.   후랜드 안 (밤)

어린이 놀이기구에 나란히 앉아 있는 경도와 지우.
공중에 떠 있는 채 멈춰져 있다. 경도, 좀 무섭다.

경도	사장님~!! 사다리라도 줘요~! 일단 사람부터 내려야죠!!

경도와 달리 지우는 밤하늘 보며 편안하다.

59.   놀이기구 조정실 안 (밤)

사장님, 아무것도 안 하면서 뭔가 하는 척이다. 고장 난 거 아니다.

사장님	(마이크 켜고) 금방 고친다니까…. 좀만 기다려, 사람 참….

마이크 끄고 조정 기계 먼지를 닦으며 흥얼거리는 사장님.

60.　후랜드 안 (밤)

좁은 놀이기구에 끼어 앉아 웃겨 보이는 경도와 지우.

지우　호들갑 좀 떨지 마. 애들도 안 무섭겠다.

경도　시설 점검을 어떻게 하시는 거야⋯. 넌 안 무서워?

지우　편해. 오히려 편안해.

경도　하여튼 이상해 넌.

지우　(마음을 이야기하듯) 내가 잡아둔 시간도 아니고⋯ 누가 책임지지 않아도 되는⋯ 시간이잖아.
어쩔 수 없이 묶여버린 시간⋯ 공간.
니 탓도 아니고, 내 탓도 아니고. 그래서 편해.

경도, 지우의 슬픈 고백에 지우를 돌아본다.

경도　어차피 간혔어.

지우　(경도를 본다)

경도　내가 통대관했잖아. 너 회사 나가야지. 약속 지켜라.

이때, 다시 운행되는 놀이기구. 어!! 경도, 무서워서 지우 팔을 얼결에 잡는다.
지우, 뭐니⋯ 팔을 내팽개친다.
사장님 조정실에서 나와서 오케이라고 동그라미 그려 보인다.

61.　몽타주. ⟨How long will I love you⟩

/방송실. 사장님이 '워터보이즈' 앨범을 집어 든다.
범퍼카에 올라탄 멤버들 사진이 앨범 커버다.
음악을 트는 사장님. 후랜드 전체에 울려 퍼지는 ⟨How long will I

love you〉.

/후랜드.
회전목마 턱에 나란히 앉아 있는 경도와 지우.
지우, 익살스러운 노래 전주를 듣자마자 어??

지우	이거 나 왜 들어본 거 같지??
경도	(이 곡을 좋아한다)
지우	어? 영화 OST랑 되게 비슷하다!

저절로 움쩍움쩍 박자를 타고 있는 어깨와 다리.

경도	비슷한 게 아니고, 이게 원곡이야.
지우	(올~~ 경도를 보면)
경도	(별거 아니라는) 가사가 좋아서 칼럼 하나 썼었어.
지우	How long will I love~

지우, 가사 내용을 기억한다. 가사를 생각하듯 눈을 감고 리듬을 탄다.

경도 소리	나는, 얼마나 오랫동안 너를 사랑할까.

지우와 경도의 판타지 시작.

/주원대학교 경도가 동전을 잃어버린 그곳.
경도와 지우가 행복한 모습으로 춤을 춘다.

/주원대학교 동아리 모집하던 인문대 매점.

/주원대학교 지리멸렬 동아리방.

/주원대학교 공중전화 부스.

/「도망시」를 읊어주던 지하철 승강장 그곳.

/여기서 자자고 소리 지르던 지우, 당황하던 귀여운 경도의 주원대학교 운동장 그곳.

/스물여덟 경도가 살던 그 골목, 그 집 앞.

/스물여덟 경도가 살던 근처 연남동 공원, 그곳.

싱그러운 두 사람의 춤과 판타지. 지우는 발레리나 같고, 경도는 어색하지만 멋있다.
음악 막바지로 와 닿으며

/후랜드 회전목마 앞.
노래가 끝나며 마주 선 현실의 경도와 지우.
서로 닿을 수 없는 안타까운 눈으로 바라본다.
탕, 탕, 탕…. 조명이 꺼진다.

엔딩.

62.   에필로그. 2015. 결혼식장 로비 (낮)

2015년. 세영의 결혼식 로비. 지우, 막상 오니까 들어가기 민망하다.
망설이다가 이내 돌아서 나가려는데.

정민 소리   서지우?

지우 돌아보면, 양복을 입은 정민이다. 놀랍고 설마 하는 정민의 얼굴.

지우   오랜만.

정민   (너무 놀라 잠시 머뭇) 왔으면 들어가지 왜.

지우   …. 인사 전해줘. 난 막상 좀….

정민   경도 보고 가.

경도…라는 말에 지우는 몸이 굳어오는 거 같다. 말을 잃는 거 같다.

지우   오빠 많이 멋있어졌다. 나 갈게….

지우, 돌아선다. 정민, 지우의 팔을 잡는다. 지우를 밀 듯이 데리고 안으로 들어간다.

정민   세영이는 보고 가야지!

/신부 대기실 앞. 안 가려고 버티는 지우를 밀어붙이며 데려온 정민. 신부 대기실로 지우를 밀어 넣는다. 지우, 얼결에 신부 대기실에 들어선다.
혼란스럽던 얼굴이 조금씩 미소로 채워진다. 아마 세영과 눈이 마주쳤을까….
정민, 다급하게 핸드폰 열어 전화를 걸며 이동한다.

정민   이경도 너 어디야? 왜케 늦어 인마! 빨랑 와!

6부

1.　　후랜드 앞 도로 (밤)

지우의 자동차가 빠져나온다. 앤틱한 후랜드 조명이 반짝인다.

2.　　지우 자동차 안 (밤)

경도 뿌듯하게 운전 중이다. 지우, 기분이 좋다. 아쉽기도 하고.

경도　　(생색을 시작) 솔직히, 솔~~직히, 통대관해서 논 적 없지?
지우　　저 정도는 할라면 할 수 있지 않을까?

경도, 뭐래… 살짝 김빠진다.

지우　　농담이고, 진짜 진~짜 재밌었어!

경도는 이렇게 투명한가… 금세 헤헤… 기분이 좋아진다.

경도　　너 이제 진짜 출근하는 거다.
지우　　알았어, 알았어 알았어!

경도, 한숨 돌린다. 지우가 떠나지 않게 되어 입가에 자꾸 미소가 걸린다.

3.   지우 집 앞 (밤)

지우, 차에서 내린다. 경도도 차에서 내린다.
서로 잘 가라, 잘 있어라 인사해야 할 타이밍인데.

지우   언제 가냐. 피곤할 텐데….
경도   차 안 막히니까 뭐.

잠시 뜸 들인다.

지우   나 뭐 시켜 먹을 건데, 먹고 갈래?
경도   뭐가 허전하다 했더니, 놀이공원에 매점이 없었네…!!
지우   아 그러네…! 왜 허한가 했더니.
경도   1인분은 배달 잘 안 해주잖아.
지우   맛있는 집은 최저 주문 금액이 꼭 있더라고?

오늘은 둘 다 찰떡같이 맞는다.

4.   지우 집 거실 (밤)

지우, 안방에서 편한 옷으로 갈아입고 나온다.
보면, 경도가 소파에 앉아 핸드폰으로 영화를 보고 있다.
경도 곁에 슬쩍 앉아서 뭐 보나… 힐끗 보는 지우.

경도   나 내일 언배 시사 가야 되는데, 감독 전작 본 지가 좀 돼서 한 번 더
         보고 갈라구. 이 영화 봤어?
지우   아니.

경도, 나중에 보려고 핸드폰 내려둔다.

| 지우 | 같이 봐! 재밌겠다. |

/텔레비전으로 연결된 영화.
낙지볶음과 소면이 잘 비벼져 있고, 경도와 지우 매워하면서도 맛있게 먹고 있다.
경도는 영화를 보며 핸드폰에 몇 자 메모도 하고.
그런 경도를 티 안 나게 지켜보는 지우. 흔해서 부러운 커플 같은 느낌이다.

/경도가 소파에 기댄 채 잠이 들어 있다.
지우, 경도에게 담요를 가져다 덮어준다.
지우, 영화를 마저 본다는 목적을 장착하고 소파에 앉아 있다. 그저 이 시간이 좋다.

5.   지우 집 거실 (아침)

지우, 안방에서 나온다. 소파를 보면, 팔 꺾여서 이상하게 자고 있는 경도.
지우, 잠든 경도 얼굴을 신기한 것, 소중한 것 살피듯 한다.

FB (5부 S#56)/ 후랜드 몽타주.
회전목마를 타는 지우와 경도. 여러 말을 타고 내리며 신난다.
바람에 날리는 지우의 머리카락, 스커트, 미소… 밤이 싱그럽다.

지우, 바로 앞에 경도가 자고 있는 게 새삼스럽다. 자기도 모르게 미소.
이때 경도 눈을 뜬다. 지우 얼굴 본다. 지우 당황한다.

| 지우 | 출근 안 하냐? |

경도, 으… 무거운 몸을 일으킨다. 지우를 보더니 씩 웃는다.

경도   굿모닝이다.
지우   그래 굿모닝이다. 얼른 씻고 돈 벌러 가라.

경도, 기지개를 켜며 욕실로 가는데 아저씨 같다.

지우   안방 욕실 써! 거기 고장 났어.

경도, 이젠 자연스럽게 안방으로 아이구… 어깨 두드리며 들어간다.

6.   지우 집 안방 (아침)

경도, 수건을 두르고 나온다. 분명히 욕실 앞에 옷을 벗어두었는데…
없다. 어…!!

7.   지우 집 거실 (아침)

지우, 주방 식탁에 앉아 핸드폰으로 이것저것 보고 있다.
안방 문이 빼꼼 열린다.

경도   내 옷 못 봤니.
지우   봤는데.
경도   (쌍…) 나 늦었거든.

지우, 어쩌라고. 턱으로 소파를 가리킨다.
정리한 셔츠와 바지, 재킷이 가지런히 놓여 있다.
경도, 수건으로 가린 채 종종종 나와서 옷을 집어 들고 와다다 안방으로 간다.

| 지우 | (안방을 향해) 파스 붙일 땐 다 보여줘 놓고 이제 와서 뭐 하냐? |
| 경도 소리 | 말 시키지 마, 멀티 안 돼!! |

지우, 피식 웃는다.

8.   동운일보 연예부 사무실 안 (아침)

오늘따라 먼저 출근해 있는 한경 보인다.
남 기자와 기자 둘 정도, 커피도 마시고 업무 준비 중이다.
경도가 출근하는데, 한경을 보고 엄청 놀라며 자리로 와 앉는다.

| 경도 | 안녕하십니까…. |
| 한경 | 글쎄. |

경도, 앗 그녀의 기분이 안 좋다. 긴장.

한경	복장은 어제랑 똑같은데… 깔끔하네?
경도	(책잡히지 말자) 아무래도 세탁소 집 아들이다 보니…. (어색한 미소)
한경	누가 다려줬니?
경도	(앗… 책잡혔다) 오늘 왜 이렇게 일찍….
한경	(점점 매서워지는 두 눈) 얘기 좀 하자.

한경, 일어나 회의실 쪽으로 간다.
경도, 아 씨… 울상으로 일어나 나서는데. 마침, 두진이 출근한다.

| 두진 | 좋은 아침~! (경도에게 하이파이브) |
| 경도 | (하이파이브 패싱하며) 글쎄. |

두진, 무슨 일이냐며 남 기자 눈짓하면, 남 기자 부장님 화났다는 모션.
두진, 아하… 조용히 착석한다.

9.　　　동운일보 회의실 안 (아침)

열이 잔뜩 오른 한경. 경도는 꾸물꾸물.

한경　(이 쌍놈…) 너 뇌가 없어?
경도　뇌 없으면 어떻게 살아요. (방긋 어필해본다. 불안하다)
한경　너 국장 만나서, 아씨… 너 돌았니?

10.　　　회상. 동운일보 국장실 안 (낮)

벙찐 국장의 얼굴. 겸연쩍은 경도의 얼굴. 마주 앉아 있다.

국장　연수를, 못 간다고? 왜?
경도　(설명하기 난감) 제가… 해야 될 일이 좀 생겨서요.

국장, 대체 무슨 말을 하는 건가….

국장　너 이거 서로 가려고 안달인 거 알지?
경도　(겸연쩍게 웃는다)
국장　애들 있는 기자들은 더 가려고 난리야. 학비 지원하지, 거주비 지원
　　　하지, 이걸 왜 안 간다 그러냐? 이런 것도 다 때가 있는 거야. 차장급
　　　은 신청도 안 받았어!

경도, 차분하게 잘 설명해야 한다.

경도	맞아요. 나중에 많이 후회할 거 같긴 합니다.
국장	근데.
경도	지금 제가 해결해야 할 일도… 때가 있어서요.
	저도 생각 많이 해봤는데요. 나중에 시카고 연수 놓친 거 배 아플 거 같아요.
	근데, 지금 여기 이 일을 정리 못 하면, 사는 게 많이… 혼란스러울 거 같습니다.

국장, 안타깝고 아쉬워한다. 경도, 이해해주길 바라는 착한 얼굴.

11.   현째. 동운일보 회의실 안 (낮)

한껏 열받은 한경과 달리 타격감 없는 경도.

한경	또 서지우야? 또!
경도	막상 가려니까 쫄려서 그래요. 물갈이도 심하고. 위도 약하고.
한경	그렇게 목매던 사회부 발령받았을 때도 서지우였어.
	걔 사라지고 술병 나서 죽을 뻔하고. 이젠 죄다 가고 싶어 하는 해외 연수 앞두고 또 서지우야! 그걸 또 접어 이 새끼야!!
경도	아니라니까…. (핸드폰 시간을 보며) 저 중요한 약속 있는데.

한경, 와 씨… 미치겠다.

한경	대체 니 인생에서 젤 중요한 때마다 서지우는 왜 초를 치니.
	그 사람이 뭔데 넌 번번이 항복이야.
	깃발도 못 꽂는 그거, 사랑이라고 지랄하지 마.

가버리는 한경. 경도, 이해한다. 고맙고 미안하다.

12.   실외 테니스장 (낮)

강민우, 강사의 서브를 받아내고 땀을 닦는데.

조진언 소리   형님~!

보면, 운동복 차림의 조진언이 라켓을 들고 해맑게 웃고 서 있다.
강민우, 순간 당황스럽지만, 이내 반가운 듯 조금 웃는다.

13.   테니스장 실내 휴게 공간 (낮)

강민우에 비하면 수가 낮아 보이는 조진언, 떠들어대고 있다.

조진언   좀 자숙하고 아버지 회사 들어가기로 했어요.
강민우   건강은. 괜찮고?
조진언   (커피 한 모금, 피식) 약은 끊었냐고?
강민우   ….
조진언   효도해야지 이제. 약도 끊고, 정신 좀 차리고.
           운동 많이 해야 된대요. 형님 여기 회원인 게 생각나서 여기루 왔지.
강민우   (마음과 다른) 조용하고 좋지 여기가.

조진언은 눈치도 없다. 강민우가 불편해한다는 걸 모른다.

조진언   그 뭐냐, 지우 있잖아요?
           옆에 남자가 있어. 일전에 사진 찍힌 그 새끼,
           아무 사이 아니라고 해놓고는 동거를 해 확 씨….
강민우   (솔깃) 동거??
조진언   대놓고 플러팅 중이라고 떠벌리던데? 형님, 그 새끼 뭐예요?
강민우   (잠시 웃는다) 처제가 동거를 해?

조진언	이럼 이거 나만 발린 거 아니냐는 거지. 내가 당한 느낌?
강민우	이혼한 마당에 왜 신경을 써. 갈 길 가면 되는 거지.
조진언	다시 같은 길 갈 수도 있잖아요.
강민우	(놀람) 뭐?
조진언	제가 알아서 할 일이고. 안다혜가 자꾸 전화를 해….

강민우, 긴장. 그러나 여유롭게 조진언을 본다.

강민우	받아주니까 하나 부지.
조진언	뭐라는 줄 알아요?
강민우	…. (긴장)
조진언	전화를 받든가, 면회를 오든가. 하래요. 형님한테.

조진언, 강민우 표정을 살핀다. 너 뭐 있지… 지켜본다.

강민우	나를 왜?
조진언	내 말이. 걔가 형님을 왜 찾아?
강민우	돈 빌려준 거 때문에 그런가. 급하다고 해서 한 번 준 적 있거든. 얼마 되지도 않는데 왜 새삼스럽게 참….
조진언	연락 한번 해봐요. 걔도 불쌍해.

강민우, 글쎄… 여유를 보이지만 마음이 복잡하다.

14.   경도 집 침실 (밤)

경도, 침대에 누워서 핸드폰으로 기사들 체크하고 있다.
그러다 멍해지는 얼굴.

FB (S#11)/

한경 대체 니 인생에서 젤 중요한 때마다 서지우는 왜 초를 치니.

그 사람이 뭔데 넌 번번이 항복이야.

깃발도 못 꽂는 그거, 사랑이라고 지랄하지 마.

경도, 핸드폰을 내려두고 엎드려 이마를 매트리스에 퉁퉁… 박는다.
문자가 들어온다. 부스스 일어나 앉아 문자를 확인하는 경도.

문자 인서트/
내일 시간 어떠세요? 뵐 수 있을까요?

15.   자림어패럴 대표실 안 (낮)

지연이 없는 사무실. 경도, 차를 마시며 기다리는 중이다.
한참을 기다린 경도. 갸웃하며 핸드폰을 꺼낸다.

16.   자림어패럴 직원식당 (낮)

지연, 아무도 없이 혼자서 밥을 먹고 있는데 이상하다.
식사 시간도 아니고, 이미 비운 식판이 두 개. 새로 담은 식사를 게걸
스럽게 먹는다.
조리 공간 안에서 안절부절못하는 직원들.
지연, 정신을 놓고 마구 입으로 음식을 넣는다. 옷에 다 흘려 얼룩이
가관이다.
지연의 핸드폰이 울린다. 입에 밥을 넣은 채로 전화를 받는다.

지연   누구세요.
경도 소리 대표님 저 이경돕니다. 오늘 뵙기로 했는데/
지연   누구세요?

경도 소리	서지연 대표님 핸드폰 아닌가요?
지연	서지연… 몰라요.
경도 소리	…. 어디세요…? 지금 어디, 어디세요?
지연	구내식당. 밥 먹는데 나.

지연, 통화 중인 핸드폰을 그대로 내려두고 다시 먹기 시작한다.

17.   자림어패럴 대표실 안 (낮)

경도, 놀란다. 허둥지둥 일어나 달려 나간다.

18.   자림어패럴 직원식당 (낮)

혼자서 체하도록 먹고 있는 지연을 본 경도. 달려온다.
직원들 이상하게 여기는 것이 보인다. 지연은 멀뚱… 경도를 본다.

경도   아 대표님 같이 밥 먹자 하셔놓고 혼자 드시네!
(지연의 손에서 젓가락 내려두며) 다 드셨죠? 커피는 제가 살게요!

지연을 감싸 안 듯 해서 별일 아니라는 듯 데리고 나가는 경도.
지연은 어리둥절하며 이끌려 간다.

19.   자림어패럴 비서 공간 (낮)

지연을 데리고 들어오는 경도. 차 비서, 너무 놀란다.

차 비서   대표님!!!

차 비서 뒤로 유 비서를 보게 되는 경도. 근데 뭔가 이상하다.
차 비서처럼 놀라는 게 아니라, 헐… 대박… 이런 느낌.
하지만 경도 겨를이 없다. 지연을 부축해서 대표실 안으로 들어가
는데, 지연, 그사이 정신이 들어왔는지 경도 손을 거둔다.
경도, 지연을 살핀다.

지연   (차분하게 차 비서를 돌아보며) 갈아입을 옷 좀.
차 비서   네 준비하겠습니다.

지연과 경도 대표실로 들어가고, 지연 문을 닫는다.

차 비서   대표님 따뜻한 거 내드려.
유 비서   네.

20.   짜림어패럴 대표실 안 (낮)

파리한 지연. 걱정이 가득하고 놀란 경도.

지연   이젠 숨기기 어렵겠죠.
경도   ….

21.   짜림어패럴 비서실 탕비실 (낮)

유 비서, 드립 커피를 내리고 있다.
정성스럽게 내린 커피에 알 수 없는 가루를 섞어 젓는다.

22.   자림어패럴 대표실 안 (낮)

커피를 내려두는 유 비서. 그 비서를 본능적으로 살피게 되는 경도.
인사하고 조용히 나가는 유 비서. 지연, 떨리는 손으로 커피를 조금
마신다.

지연	꼴이 말이 아니네요.
경도	댁으로 가셔야 되지 않을까요…?
지연	네… 지우는 좀 어때요?
경도	지우는… 직접 상의하시면 곧 회사에 들어올 거 같아요.
지연	(그나마 반색) 잘됐네요. 잘됐어요. 한시름 놨어…. 고마워요.
경도	아무래도… 지우한테 빨리 상의하시는 게….
지연	해야죠. 그래도… 지금은 좀… 겨우 마음먹었을 텐데 나 아픈 거 알면. 겁먹을지도 모르고. (서글프게 웃는다) 오래 걸리진 않을 거예요. 남편은… 벌써 캐나다에 요양원 알아보고 있어요.
경도	(파르르 화가 나는 얼굴) …. 알고 있다는 거잖아요.
지연	네.
경도	근데 왜…. (아 씨…)
지연	내가 말했잖아요. 좋은 남편은 아니라고. 별로 놀랍지도 않아.
경도	지우가 빨리 회사에 나와야겠네요.
지연	아이러니해요.
경도	…?
지연	내가, 내가 두 사람 갈라놨거든. 그때….

경도, 어떤 일이 있었던 거지… 의아하다. 하지만 묻지 않는다.

FF/ (S#31) 연남동 조용한 술집.
단호한 지연의 얼굴, 간절해 보이기도 하다.

지연 *지우야 넌 더 번듯하게 살아야 돼.*

자림에서 빛나는 서지우가 돼야 돼.

그날의 기억에 미안하고 마음 아파 시선을 내리는 지연.

23.　　고급 레스토랑 (밤)

최최고급 파인다이닝 레스토랑.
경도와 지우, 디저트 먹고 있다.

지우	놀이공원 통대관 말이야. 자꾸 생각나.
	얼마 만에 그렇게 신나게 놀았는지 모르겠더라.
	고마워서 사는 거야.
경도	파인다이닝은 다르구만. 맛있어.
지우	(피식)
경도	왜 웃냐, 맛있다는데.
지우	메뉴판 가격 보고 지랄할까 봐 조마조마했거든. 티셔츠 트라우마 있잖아.
경도	(또 꺼내고 참⋯)
지우	별말 안 하고 잘 먹으니까 좋다.
경도	나야말로 친구 잘 둬서 이런 것도 먹고. 좋네.

지우, 포크를 탁 내려놓는다. 경도, 엇⋯ 살포시 포크 내려둔다. 뭐가 잘못된 거지⋯.

지우	친구 잘 뒀지. 나 친구 잘 둬서 이 나이에 놀이공원에도 가고. 좋네.
경도	(뭐가 열받는 거지) 어느 포인트가 (불쾌한 거니).
지우	(말 끊으며) 여사친이라 하지 왜. 여자, 사람, 친구.

경도, 난 또 뭐라고⋯.

경도	아니 분위기 좋아서 한 말 가지구 꼬투리를 잡구 그르냐….
지우	(물 한 모금 마시고) 여사친한테 할 말이 뭐야? 물어볼 거 있다며.
경도	그렇게 날 세울 거면 안 물어봐.
지우	(어쭈? 미소 장착) 경도양~ 뭐가 궁금해 내 친구 이경도~?

경도, 지우의 애교에 웃음을 감출 수가 없다. 다시 차분함 장착하고.

경도	그때 말이야.
지우	? (방긋)
경도	심각하게 묻는 건 아니고. 종종 생각이 나서, 가끔 궁금하고.
지우	뭐가!! 뜸을 들여….
경도	…너 그때. …. 왜 갔어? 그때, 연남동에서.

지우, 표정이 한순간에 어두워진다. 하지만 어른이다.
담담하게 경도를 바라본다. 경도도 마주 바라본다. 두 시선.

지우	나갈까? 어디 시원한 데로 가자.

24.   한강 공원 (밤)

사람들이 간간이 오고 간다. 경도와 지우, 벤치에 앉아 강을 바라보고 있다.

지우	그때 집에 조진언 왔었잖아? 너랑 마주친 날.
	조진언이 나 보고 12시 지난 신데렐라래. 버텨봤자… 생쥐 새끼들만 들끓을 거라고.
경도	쌍노무 새끼.
지우	그때. 내가, 내가 떠났을 때… 12시가 지난 나를 봤어.
경도	…?

담담한 지우 얼굴을 보는 경도.

25.   2015. 공원 (낮)

2015년.
돗자리 깔고 커피 마시며 놀고 있는 경도, 지우.
경도에게 전화가 온다.

경도   네 엄마. (얼굴이 굳는다) 아빠가?? 얼마나!!!
병원 어디야!!! 어. 어 알았어요. 어어!!

사색이 된 경도. 지우 놀라서 경도를 본다.

경도   나 지금, 병원에 가봐야, 아버지가 다치셨…. 집에 가 있어.
저기 내가 지금/
지우   빨리 가봐! 얼른 가…!!
경도   어. 미안. 나… 갔다 올게.

경도, 허둥지둥 일어나 정신없이 달려간다. 지우 걱정되고 놀라서 우
두커니 서 있다.

26.   2015. 자림어패럴 대표실 안 (낮)

인상 좋은 지우 부(남 57세). 그때의 지연. 그리고 김 기사, 마주 앉
아 있다.

김 기사   잘 지내는 거 같습니다.

지우 부, 그래… 고개를 끄덕… 그러나 걱정이 가득한 얼굴.

지우 부	기자라고?
지연	네. 동운일보 기자예요.
지우 부	기자구나.
지연	엄마가 지우 안 들어간 거 알았어요. 지우 금방 찾아낼 거 같은데….
김 기사	회장님. 지우가… 외람되지만, 제가 보기에는… 지우가 많이 좋아 보입니다.
지우 부	다행이네….

아버지 수심이 깊음을 보는 지연.

27.　　2015. 경도 원룸 (밤)

지우, 애가 탄다.
자신의 핸드폰을 켠다. 언니와 엄마, 김 기사, 아빠 부재중 전화 줄줄줄.
경도에게 전화를 건다.

28.　　2015. 대학병원 수술실 앞 (밤)

수술 중, 불이 들어와 있다.
경도와 경도 모, 탈진될 지경의 얼굴로 초조하게 기다린다.

경도 모	살기만 하면 돼… 니 아부지. 살기만 하면… 그럼 돼.
경도	큰일 없어. 걱정하지 마 엄마.

그러나 경도도 애가 탄다.
지우에게 전화가 온다. 경도, 한쪽으로 이동해 전화를 받는다.

경도	어. 아… 지금 수술 중이셔. (듣는다)
	너무 걱정하지 마. 밥 챙겨 먹어. 난 여기 계속 있어야 될 거 같아.
지우 소리	난 잘 있어. 필요한 거 있으면 전화해. 켜놓을게.
경도	그래. 무서우면 불 켜고 자…. 어. 그래….

경도, 통화를 마친다. 다시 엄마 곁으로 가 손을 잡아준다.

29.   2015. 몽타주. 경도 원룸

/아침. 형광등이 켜져 있다. 침대가 아닌 바닥에 쭈그리고 누워 잠든 지우.
지우가 부스스 눈을 뜬다. 경도는 없다.

/밤. 지우, 멍하게 핸드폰 쥐고 있다. 진동이 울린다.
허겁지겁 보면, 엄마다. 받지 않는다.

/낮. 웅크리고 앉아 있는 지우. 경도는 안 온다.

/밤. 형광등을 환하게 켜놓은 지우. 말라버린 빵이 보인다.

/낮. 초췌한 경도가 들어온다. 지우, 벌떡 일어나 와락 안긴다.

지우	아버지는?
경도	수술은 잘 됐대. 아직 열이 안 떨어져서….
	안정되는 건 좀 기다려야 될 거 같아.
지우	수술 잘 돼서 다행이다….
경도	나 다시 가봐야 돼.
지우	어 그래그래.
경도	괜찮겠어…? 세영이 누나네 있을래?

지우	아니. 나 여기 있을래. 혼자 잘 있어. 걱정하지 마.
경도	미안해….
지우	뭐가 미안해….

경도, 지우를 안는다. 삶이 무겁다. 지우 경도를 다독인다.

30.   2015. 경도 원룸 앞 (밤)

경도를 배웅하는 지우.

지우	어머니 식사 잘 하시게 해.
경도	어. 너도 잘 먹고.
지우	너 얼굴이 말이 아니야….

경도, 괜찮다는 미소를 보인다. 하지만 슬퍼 보이는 건 어쩔 수 없다.
멀어지는 경도. 지켜보는 지우는 마음이 아프다.
경도가 보이지 않자, 털썩 쭈그리고 앉는 지우. 속상하다.

지연 소리	지우야.

놀라서 일어나 보면, 언니 지연이다.

31.   2015. 연남동 조용한 술집 (밤)

지우와 지연이 맥주잔을 앞에 두고 있다.
알바생, 소주와 잔을 두고 간다. 허망한 얼굴의 지우는 맥주 대신 소주를 따른다.

지우	내가 엄마 지옥이구나. (지연을 본다)
	난 그것도 모르고 엄마랑 나 친자 검사해보고 싶었어.

힘이 다 빠진 지우, 소주를 마신다. 마음이 아픈 지연.

지우	웃긴다. (밖을 바라본다) 자기가 바람피워서 낳은 애를….
	(다시 소주 따르며) 자기가 젤 미워해.
지연	….
지우	언니는 나 괜찮아? 괜찮았어?
지연	(바라본다) 너 여덟 살 땐가. 내가 알게 된 거야. 엄마랑 아빠랑 하는 얘길 들었거든. 내가 그때 자는 너 귀에다가 휴지를 돌돌 말아 끼웠다?
	아무것도 못 듣게 하려고.

지우, 지연을 본다. 지연은 두 눈에 눈물이 가득 고여 슬프게 웃고 있다.

지연	너무 조각조각 넣었나 봐. 너 이비인후과 가서 휴지 조각 뺐잖아.
	난 아빠한테 엄청 혼났어. 동생 귀에 장난쳤다고 손 들고 벌섰어.
	기억나?
지우	(고개를 끄덕끄덕)
지연	평생 못 듣길 바랐는데 내가 말해주고 있어.
지우	(왜… 왜 언니…)
지연	지우야. (결국 눈물) 너 여기 있으면 안 돼.
지우	언니 난 경도밖에 없어….
지연	그러니까 더 여기 있으면 안 돼. 니가 평생 받아왔던 엄마 그 눈빛… 지긋지긋한 모멸… 그거 이경도한테도 갈 거야.
지우	(소주 비운다. 눈물이 툭…) 그거 사람 미치는 건데….
지연	지우야 넌 더 번듯하게 살아야 돼.
	비엔나 소극장에서 먹고 자던 가난한 배우 딸이 아니라, 자립에서

빛나는 서지우가 돼야 돼.

지우 …. (혼란스럽고 슬퍼 힘이 없다)

지연 그 사람 아버지, 많이 다치셨어.

지우 (흔들리는 두려운 눈)

지연 아주 많이 다쳤어. 이경도… 너 돌아볼… 힘도 여유도 없어.

지우, 손에 힘이 풀려 잔을 떨어뜨린다. 깨져버린다.

32.   2015. 대학병원 중환자실 (낮)

열이 떨어지지 않아 정신이 혼미한 아버지.
그 곁에서 정신이 없는 경도와 경도 모.
그 광경을 유리 너머로 보는 지우.

33.   2015. 연남동 또 다른 술집 (밤)

혼자 술을 마시는 지우. 세상이 멈춘 거 같다.
텅 비어가는 지우 눈빛.

FB (S#31, S#32, 3부 S#16)/ 술집, 중환자실, 호텔 뷔페 일각.
지연 그러니까 더 여기 있으면 안 돼. 니가 평생 받아왔던 엄마 그 눈
　　빛… 지긋지긋한 모멸… 그거 이경도한테도 갈 거야.

/중환자실의 경도 모습.

/경도를 빤히 보는 지우 모. 호텔 매니저에게,

지우 모 아, 여기 담당 바꿔줄래요?

편하게 식사하는 자린데, 영 불편할 거 같네요.
VIP룸에… 아르바이트는 좀 그렇지 않나요?

매니저 경도를 본다. 실수했니 질책의 눈빛. 경도는 뭔가 다 잃은 얼굴이다.
지우는 얼굴이 굳어 엄마를 본다.

지우 모 *지우 들어가야지? 어른들 기다리시잖아.*

/술집. 지우, 술잔을 놓고 나선다.

34.　　　2015. 경도 원룸 (아침)

지우, 짐을 들고 일어난다. 눈물이 고인다.
책상에 500원 회중시계 케이스 올려둔다. 가만히 덮는 하얀 손.
고통스러운 지우. 안간힘을 내어 천천히 손을 떼고 돌아서 나간다.

35.　　　2015. 자동차 안 (낮)

운전하는 김 기사. 뒷좌석에서 펑펑 서럽게 우는 지우.
김 기사도 마음이 찢어진다.

36.　　　2015. 경도 원룸 (밤)

경도가 들어온다. 피곤하지만 힘을 낸 목소리.

경도　　지우야… 너 전화 왜 꺼놨어.

지우가 없다…. 짐도 없다. 손이 덜덜덜… 책상 위 회중시계 케이스 본다.

경도   (사색) 지우야!!!!

37.   2015. 경도 원룸 앞 골목 (밤)

지우를 부르며 정신없이 찾아 헤매는 경도.
지우야…!!! 땀이 범벅 눈물이 범벅….
다리가 풀려 휘청한다. 그래도 지우를 부르며 다시 달려간다.

38.   현재. 한강 공원 (밤)

벤치에 앉아 있는 경도와 지우.

지우   그동안 좋은 새아빠 좋은 언니 덕분에 명품관에 살았었고.
          이제 나는 그냥 신데렐라지, 새드엔딩.

          지우, 마음이 뭔가 텅 빈 거 같다. 일어나 강가로 가 선다.
          지우의 고백에 경도는 아무런 표정이 읽히지 않는다.

          FB (3부 S#50)/ 공원 벤치.
          지우 그때 내가… 아주 많이…. (말을 꺼내기 어렵다) 널 떠난 게 아
              니라, 내가 죽어야겠다 나선 거야. 근데 죽는 건 진짜… 무섭더
              라고.

          경도, 땅만 보고 있다.
          강 건너편을 바라보고 있는 지우, 담담한 척했지만, 경도가 뭐라고

할까… 슬픈 초조함.

돌아서 있는 지우를 와락 껴안는 경도. 지우 순간 놀란다.

경도, 마음이 너무나 아파서 지우를 백허그한 채….

경도의 얼굴에 지우를 향한 안쓰러움, 가여움, 그날의 고통을 이해하는 공감….

지우, 순간 경도가 너무 고맙다. 경도의 팔을 가만히 잡는 지우.

경도　　잘했어. 잘했어 서지우. 죽지 않고 살아서 고마워. 정말이야. 너무 고마워….

지우, 돌아서 경도를 본다. 답답해 착해터진 놈.

지우　　야. 뭘 잘해. 넌 죽다 살아났으면서 잘 먹고 잘 살다 이혼하고 나타난 게, 뭘 잘해.
　　　　너 왜 이렇게 아직도 멍청해! 순해! 착해터졌어!

경도, 하나도 안 들린다. 지우의 얼굴 표정을 하나하나 담는 눈.

경도　　미안해.
지우　　(또 착해빠진…) 미치겠네 진짜…. 뭐가 미안해 니가…!
경도　　너 제일 아플 때 내가 옆에 없었어. 못 있어줬어.
　　　　그때 아버지가 너무 많이….

안타까워 울컥하는 경도.

지우　　니가 아니라 나잖아. 너 제일 힘들 때 사라진 거 나잖아.
경도　　많이 울었어…?
지우　　(착한 미친 새끼…. 눈동자 흔들린다)
경도　　많이 아팠지….
지우　　착해빠진… 미친놈….

경도   내가 쪼잔해 가지구. 난 니가. 내 원룸이 너무 좁아서. (울컥… 참고)
침대가 너무 낡아서 욕실에서 하수구 냄새 나서 싱크대 물때가 죽어
도 안 지워져서 니가. 니가 간 건 아닐까… 술만 처먹으면 그 생각.
답도 안 나오는 좁아터진 생각이 있잖아…. 그게 병신 같아서 또 마
시고.
나쁜 새끼, 못된 기집애…. 마시고 또 마시고. 니가 너무 보고 싶어서
또 마시고.

지우, 경도를 와락 안는다. 눈물이 하염없이 흐른다.
경도도 눈물이 툭… 툭툭. 지우, 이제는 경도 허리를 꽉 껴안고 제대
로 울어버린다.

39.   지우 자동차 안 (밤)

서울 도시의 불빛. 경도가 운전을 한다.
지우는 조수석에 앉아 창밖을 바라본다. 두 사람 각자의 생각을 한다.
경도 지우를 잠시 돌아본다. 지우, 고개를 돌려 경도를 본다.
마주치는 눈, 둘 다 잠시 웃는다. 다시 창밖을 바라보는 지우.

지우 소리   경도야. 나는 염치라는 말이 싫어. 발음부터 짜증나.
자꾸 나한테 들러붙어서 싫어.
니가 이렇게 가까이 있잖아. 니가 이렇게 웃잖아.
이제 그만 가라고 말하기가 힘들어.
그래서 나는… 염치라는 말이 싫어.

지우, 눈물이 날 거 같아서 아예 감아버린다.
경도, 지우가 피곤한 걸까… 잠깐 바라본다.

경도 소리   지우야. 스무 살에도 그랬는데, 지금도 나는 어설프다.

널 어떻게 편안하게 해줘야 할지… 서툴러.
언니가 많이 아픈 거 같아. 겁먹지 마.
어설프고 서툰 내가… 뭐든 해볼게. 뭐든.

경도, 지우에게 언니의 말을 전할 다짐을 한다.

40.   지우 집 앞 (밤)

지우 자동차가 선다. 운전석에서 경도가 내리고 지우는 조수석에서
내린다.
경도, 지우에게 자동차 키를 준다. 지우, 받아 쥐고.
둘 다 이렇게 헤어지는 게 아쉽다. 하지만 누구도 선뜻 말 못 한다.

지우   덕분에 편하게 왔다. 피곤하지?
경도   (실없는 소리만) 차가 좋으니까 운전해도 뭐….
지우   택시 불러야지…?

지우, 그래… 경도를 보내려 하는데.

경도   할 말이 있어.
지우   …?
경도   진작 했어야 했는데. 계속 타이밍이….
지우   뭔데?

경도, 주위를 둘러본다. 언니 이야기를 어떻게 전해야 할까….

경도   차 한 잔 줄래?

41.　지우 집 거실 욕실 (밤)

경도, 손을 씻는다. 착잡하고 긴장된다. 거울을 본다.

경도　차분하게. 최대한 별일 아닌 거처럼. 하…. (미치겠네…)

안 되겠다. 세수를 하며 정신을 집중해본다.

42.　지우 집 주방 (밤)

식탁 위 경도의 핸드폰이 울린다. 지우, 물잔을 내려두다 핸드폰을
보게 된다.
그러다 어? 자세히 본다. 숫자… 지연의 번호 같다.

지우　언니 번호…를 왜….

전화 끊긴다. 이상한 지우. 욕실을 본다. 잠시 후 들어오는 문자.
미리보기로 내용이 한 줄 보인다.

문자 인서트/
지우한테는 내가 말하는 게 좋겠어요.

미리보기 문장을 뚫어져라 보는 지우.

경도 소리　할 말이 있어. 진작 했어야 했는데. 계속 타이밍이….

욕실에서 나와 식탁으로 다가와 앉는 경도. 지우를 보는데.
지우의 창백하고 차가워진 표정. 왜 그러지… 긴장.

지우	전화 왔었어.
경도	그래?

경도, 핸드폰을 들고 열어본다. 주춤… 그냥 덮는다.

지우	콜백 안 해?
경도	나중에. 급한 거 아니야.
지우	이경도.
경도	….
지우	니가 언니랑 통화할 일이… 뭐가 있어? 나한테 뭘 말해야 되는데?

경도, 소스라치게 놀란다. 지우의 차가운 얼굴에 말이 굳어버리는
경도.

경도	지우야….
지우	(차갑다) 어 말해.

지우의 핸드폰이 울린다. 지연에게서 온 전화.

지우	여보세요. 응. 어디? …. 지금? …. 내가 나갈게. 응.

경도, 사고가 정지된 느낌. 통화를 마친 지우가 경도를 차갑게 본다.

지우	너. 이거 설명해야 돼.
경도	(쫄아서는) 설명할 수 있어.
지우	다녀와서 얘기해.

지우, 외출하려 안방으로 가는데, 경도 눈치 보며 졸졸… 어디 가는
데… 졸졸.

43.   지우 집 타운 일각 (밤)

타운하우스 안 아늑한 벤치 공간.
지연이 와 있다. 걸어오는 지우를 발견한 지연, 입가에 한껏 미소.
지우, 뚱한 얼굴로 곁에 와 앉는다.

지연   화났네? 날을 잘못 잡았나…?
지우   집에 이경도 있어. 삼자대면하기 딱 좋아.

지연, 뭔가 알았구나. 하지만 당황하지 않는다. 그저 아직 지우가 귀
엽다.

지우   언니 왜 경도랑 연락해? 아니, 연락은 할 수 있겠지만, 왜 나만 모르
냐고.

지연, 경도가 다 이야기하지 못했음을 인지한다.

지연   들통났구나. (웃는다)
지우   아니 뭐냐고, 이거 별일 아니더라도 난 기분이 나쁜 거거든.
지연   이경도는 어쩜 그렇게 한결같니? 아직도 서지우라면 바로 어텐션
이야.
지우   (대화의 흐름이 꼬였다) 어?
지연   너 좀 잡아달라고 부탁했거든. 비행시간이랑 알려줬어.
혹시나 간절해서 던졌는데, 바로 뛰더라?

지우, 눈 깜박깜박. 상황을 알 거 같다. 경도가 그랬다니 또 기분은
좋고.

지우   걔는 애가. 아우 증말….

좋아서 콧구멍이 커지지만, 지친다 지쳐… 그런 표정의 지우.
그런 지우가 너무나 귀엽고 소중한 지연.

지우	나 잡아 앉혀서 회사 나오게 꼬셔보라고 했어?
지연	(꼬셔…? 하지만) 응.
지우	어쩐지 이 인간이 최선을 다한다 했어.
	회사 나가기 전에 술부터 끊어라 이거였네. 참나….
	언니 글쎄 경도 얘가 짐 싸 들고 들어왔다니까?
지연	(지우가 밝아 보여 웃는다) 진짜?
지우	알콜릭 치료 전문이래 지가!
	(혼자 심각하다) 이러면 내가 너무 부담인데.

지우, 어깨가 솟아오르는 게 보이는 듯하다.

44. 지우 집 거실 (밤)

소파에 불편하게 앉아 온갖 상상 중인 경도.

인서트/
새파랗게 독이 오른 지우.

지우 *꺼져 이 개새끼야! 넌 인간도 아니야!*
   어떻게 그런 걸 숨겨 어떻게!! 내 눈앞에서 꺼져 사기꾼 좆 같은
   놈아!!!

/헉… 상상만 해도 아찔한 경도. 아우 씨… 머리를 박는다.

인서트/
차분하게 매서운 지우.

지우 *재밌었어? 철모르고 팔팔 뛰는 내가 얼마나 우스웠어?*
세상 제일 병신이 여깄어 서지우. 나 같은 게 뭐라고 니가 날 잡
았겠어.
나가줄래? 내가 술을 마시든 뭐가 되든, 내 인생에서 나가.

/경도, 이 버전이 더 무섭다. 아오… 이래저래 죽을 맛이다.
절망을 준비하는 경도.

45.　　지우 집 타운 일각 (밤)

지연, 지우에게 하고 싶은 말을 전한다.

지연　　나는… 옷, 패션. 안 좋아해.
지우　　…!
지연　　비밀이다. 근데 사실이야. 난 예쁜 옷이 뭔지도 모르겠어.
　　　　　매년 패션 트렌드 설명을 듣고 있어도 솔직히 잘 몰라.
　　　　　명품 강의도 듣고, 아무리 노력을 해도, 그 감, 타고난 감이 없어.
지우　　자림 사장님이 그럼 어떡해. 완전 비밀 해야겠네.
지연　　아빠가 이 회사 엄청 아끼신 거 알지?
지우　　…. (안다)
지연　　잘하고 싶은데, 한계가 보여. 난 그냥 공부를 잘한 건가 봐.
지우　　서지연 공부 열라 잘했지.
지연　　옷은 니가 좋아하잖아.
지우　　…. (맞다)
지연　　언니 좀 쉬고 싶어 지우야. 로아도 보고 싶고.
　　　　　이젠 니가 해줘. 나 억울해.

지연, 말은 이렇게 하지만 나빠 보이지 않는다.

지우	언니… 어디 아파?
지연	(…!!) 그냥 뭐… 스트레스 두통… 머리가 좀….
지우	미안해.
지연	니가 뭐가.
지우	언니 난. (망설이다가) 혼외자라서.
지연	지우야….
지우	아니 들어봐. 하고 싶은 말이야. (다시 마음 다잡고) 내 처지가 그래서. 난 회사에 발 들이면 안 된다고 생각했어. 그동안 아빠 사랑 지원 응원… 넘치게 받았잖아. 그걸로 감사하거든. 정말 더 바랄 게 없거든.

지우, 진지하다. 가여워 보이기도 한다.

지우	언니가 이렇게 힘든 줄도 몰랐고. 나만 생각한 게… 너무 미안해.

지연, 지우의 미안하다는 말에 더 미안해진다. 내색도 못 하고.

지우	안 그래도 언니한테 말하려고 했는데. (사랑스러운 얼굴로) 나 회사 나갈게.

지연, 울 거 같다. 사랑스러운 지우의 얼굴이 가슴에 턱 박히는 듯. 눈물이 나올 거 같아 간신히 참아본다.

지연 소리	내가… 니 얼굴을, 이렇게 맑은 니 얼굴을… 잊게 되면… 그러면….
지우	울 거 같아? 감동했어?
지연	응. 너랑 회사에서 일할 생각하니까… 벅차.

지우, 언니가 좋다고 하니까 너무 행복하다. 뭔가 필요한 사람이 된 거 같다.

지우	생각해보니까 쫄 거 없더라고. (지연을 단단하게 보며)

언니가 있잖아. 혼자는 못 해도, 언니 있으면 중간은 하겠지 뭐.

지연, 차마 치매 이야기를 할 수가 없다.

지연   중간이 뭐야. 자립어패럴 날개를 다는 거지!

지연, 기분이 너무 좋다. 지우 얼굴을 자꾸 어루만진다. 아픈 사실을
말하지 못한다.

46.   지우 집 거실 (밤)

지우, 냉장고에서 물을 꺼내 마신다. 그 뒤로 경도, 차렷에 가깝게 서
있다.
지우, 뒤돌아 팔짱 끼고 빤히 본다.

지우   언니는 그러드라?
경도   내가 잘못했어. 내가 진작/
지우   이경도의 치명적인 첫사랑이 서지우 잡은 거라고.
경도   !! (왜 이렇게 흘러가지…)
지우   첫사랑이 정말… 나야?
경도   (즉답) 어.
지우   중딩 고딩 때도 없었고?
경도   그럴걸?
지우   하긴, 니가 나 잡아달란다고 잡을 놈은 아니지.
        싫으면 땡이잖아 너.
경도   그런 편…?

지우, 소파로 가 편하게 앉는다. 경도는 강아지처럼 졸졸 그 옆에 불
편하게 앉는다.

지우	언니랑 얘기 잘했어. 출근한다니까 자림에 날개를 단 거 같대.
	(경도 보며) 넌 할 말이 뭐야? 할 말 있다며.

경도, 말을 할까 말까… 지우의 표정이 밝고 좋아 보인다.

지우	사실은 언니가 부탁해서 공항에 간 거다… 혹시 그 말?
경도	어? 어….
지우	왜? 내가 알면 실망할까 봐?
경도	그렇다기보다는… 언니가 명분이 돼주서서 너 잡아 앉힐 수 있었다.
	시켜서 간 건 아니다. 그런 거…지.
지우	음… 그럼 언니랑 너랑… 통했네! 딱 통했어!
	(갑자기 감동 먹은 고양이 눈) 너무 고맙다….
	언니랑 너랑 나를 생각해주는 거잖아. 완전 감동이다….

경도, 오늘은 언니 병을 이야기할 수 없다.

47.   지우 집 앞 (밤)

경도, 외부 출입구로 나온다. 표정은 무겁다.
혹시나 돌아본다. 거실 창에 서서 손을 흔드는 지우.
밝은 거실 불빛 아래 환하게 웃으며 손 흔드는 지우가 사랑스럽다.
경도, 자기도 모르게 손을 흔든다. 연인 같다.
경도의 핸드폰이 울린다.

48.   엔터테인먼트 건물 앞 (밤)

입구에서 경도를 잡고 소곤거리는 두진.

두진	부장 완전 꽐라.
경도	모셔다드리지 뭐 했냐.
두진	안 움직여. 술잔 꺾을 때만 움직임이 있어.
	형 부장한테 잘못한 거 있지?
경도	왜.
두진	와… 오늘 안주 안 드시던데? 이경도 자근자근 씹어 드시던데.

경도, 알 거 같다.

두진	교대해줘요. 나 진짜 허리 뽀개져.
경도	고생했다. 내가 택시 태워 보낼게, 가.
두진	아 맞다, 형 시카고 안 간다면서요.
경도	그렇게 됐어. (가려다가) 누가 그러디?
두진	(위를 가리키며) 패 죽일 놈이라고 막 와 씨… 갑니다~!
경도	야 너 안다혜랑 왜 엮였냐고!!
두진	그만 좀 물어봐. 아무것도 안 엮였어. 본 적도 없다고. 아우~~!!

두진, 얼른 도망간다. 경도, 저 새끼… 일단 가게 둔다. 경도도 이동
한다.

49.   엔터테인먼트 건물 루프탑 (밤)

경도가 탁자에 앉는다. 여자대표(50대 후반)가 한경을 깨운다.

여대표	진 부장! 이 기자 왔어! 이제 좀 가라…!
한경	(경도 보더니) 저 씹어 먹을 놈 왜 불렀어.
여대표	(경도에게) 니네 동운일보는 왜 내 회사에서 지랄들이니….
	나 내일 배우 화보 촬영 가야 되는데 술 안 깨면 어쩔 거야!
경도	부장이 억지로 마시라 그랬을 리 없잖아요. 누나가 마셨겠지.

여대표	야. 한 잔이 두 잔이 되는데, 어떻게 열 잔이 안 되겠니, 개꿀맛인데.
	아 지겨워 술… 언제 끊어…. 나 간다!

여대표, 주섬주섬 챙겨서 간다.
한경은 팔짱을 끼고 경도를 노려보고 있다.

한경	김두진 이 새끼… 뭐하러 와. 가자.
경도	택시 잡아줄게요.
한경	열라 고맙다.

한경, 일어나려는데.

경도	누나.
한경	(본다)
경도	지우는 나한테 뭐냐면. (차분) 계속 열려 있는 두꺼운 앨범 같아.
	새로 찍은 사진을 넣지도 못해.
	그렇다고 꽂혀 있는 사진 빼버리지도 못해.

한경, 이 자식… 이젠 격려해주고 싶다.

한경	시카고 연수는 아까워.
경도	맞아, 아까워.
한경	(일어나며) AI가 덤비는 세상에 비유가 앨범…. 시를 써 그냥.
	아날로그 감성 쩌는 차장 놈아.
경도	(같이 일어나며) 시 무시해요?
한경	아날로그가 무시하는 거냐 무식한 놈아?
경도	택시 부장이 직접 잡아요!
한경	싸가지가 없어. 늘 없어 넌.

투닥투닥 루프탑을 나서는 경도와 한경.

50.　　자림어패럴 대표실 안 (낮)

업무 중인 지연 앞에서 언짢음을 표현하지 않으려 애쓰는 강민우.

강민우	이사회 소집은 해야 되는 거 아닌가?
지연	선대 회장 유언장에 있는 조항이라. 문제 될 건 없어 보이는데….
강민우	그래도 모여서 의견을 들어봐야지.
지연	불편해하겠지. 싫은 소리들 굳이 뭐 하러 들어.
강민우	처제는, 자신 있대?

지연, 강민우를 차분하게 본다.

지연	글쎄. 근데 있잖아. 내가 회사 들어올 때… 난 자신 없었어.
	자신 있다고 말할 수 있는 사람이 얼마나 있겠어.
	지우, 나보다 잘할 거야. 부족한 건 배우면 되고.
	당신이 많이 도와줘.
강민우	당연히 돕지. 그거야 뭐….
지연	내가 지우한테 여러 번 부탁해서, 어렵게 결정한 거야.
	싫다고 버티는 애 겨우 달랬어. 내가 아프다니까, 큰맘 먹고 오는 거 같아.
강민우	사람이 그렇잖아, 억지로 하면 텐션도 떨어지고, 결과도 좋지 않을 수 있고/
지연	나, 어디 아픈지 안 물어봐?
강민우	…!! 몸이 안 좋아? 건강검진 언제 했지?
지연	엄살이야. 지우 맘 약해지라고 한 말이야.

지연, 웃어 보인다. 강민우, 지연의 의도가 감지된다.

강민우	엄살이면 다행인데, 컨디션이 좋아 보이진 않아.
	쉬엄쉬엄해. (빤히 보며) 건강이 중요하지, 회사가 중요하니?

지연   (강민우의 뼈 있는 도전에 응시) 고마워.

          살갑지 않은 서로를 향한 미소.

51.   동운일보 연예부 사무실 안 (낮)

          경도와 인턴 남 기자만 남아 있는 연예부.
          남 기자, 조금 졸려 보인다. 경도, 지루하겠구나 남 기자를 살핀다.

경도   인턴?
남 기자   네!
경도   친구와 여사친 차이가 뭘까?
남 기자   네?
경도   같은 카테고리잖아, 그치?
          봐봐. 내가 여자인 친구를 만났다 쳐? 근데 이제 말끝에, 덕분에 고
          맙다는 말을 하고 싶은 거야. 그래서 '친구 잘 돼서'라고 한 거지.
          '니 덕분에' 그 말이잖아?
남 기자   (생각) 네….
경도   근데 거기서 차라리 여사친이라 하지 그러냐며 약간의 승질? 핀트
          나감?
남 기자   (흥미롭다) 제 해석은요. 자, 그 여자 지인은 친구, 여사친, 둘 다 낫
          굿이라는 거 아닐까요? 만약에 그 여자가 남자한테 호감이 좀 있다,
          그런 경우면 친구, 여사친… 여자 입장에선 둘 다 쉣이죠.

          깔끔하게 정리한 남 기자.

남 기자   모르실 리 없는데 왜 물어보세요?
경도   (기특한 녀석 웃는다) 잠 좀 깼어?
남 기자   들켰어요? (민망하여 웃는다)

경도, 서랍을 연다. 여전히 많은 커피사탕.
한 번들 집어서 남 기자에게 슉 던진다. 남 기자 나이스 캐치.

남 기자	어 이거 두진 선배님 최애 맞죠?
경도	내가 먼저야. 나른할 때 좋더라.
남 기자	잘 먹겠습니다~!

남 기자, 하나 입에 넣는다. 오물오물.

| 남 기자 | 텐션 쭉 올라오는데요? |

경도, 웃는다. 경도의 핸드폰이 울린다. '세영누나'.

| 경도 | 네~! |

일어나 나가며 통화한다.

52.   동운일보 회의실 안 (낮)

경도, 통화 중이다.

경도	입사 파티? 누난 나는 안 해줬으면서 지우는 챙기냐?
세영 소리	너? 넌 병 수발 해줬잖아. 디테일하게 말해봐?
경도	아니. 몇 시까지 가면 돼? 응. 응!

통화 마치고 회의실을 나서며 흥얼거리는 경도.

| 경도 | 서지우를 또 만나야 되네~~ 어쩔 수 없이 또 만나야 돼~~ |

기분 좋아 보인다.

53.　　나무미술학원 안 (밤)

조촐한 케이크와 꽃바구니가 보인다. 경도, 지우, 세영, 우식과 동원.
배달시킨 음식들과 음료수들.

세영　너 상무님 되면 언니 니네 샵에서 프리 구매 가능?
지우　우리 언니한테 물어볼게.
세영　상무님이면 그 정도 할 수 있어야지, 있을걸?
동원　엄마 케이크는 언제 먹어?
경도　정민이 형 언제 올지 몰라 그냥 초 꽂자.

문이 열리며 정민 등장.

정민　뭘 꽂아 자식아, 주인공이 안 왔는데.
우식　넌 참 한결같이 늦어.
경도　곱게 커서 그래.
정민　우리 지우 안녕? 미모는 언제쯤 사그라져?
　　　오빠 눈부셔서 안약 넣고 싶잖아.
지우　오빠 열라 구린 멘트도 한결같애.
세영　(동원 귀 막아주며) 습… 맑은 영혼 있잖아.
지우　강하게 키워야 돼. 안 그럼 정민이 오빠 꼴 나.
정민　아니, 내 생일이라고 깜짝 파티는 고마운데, 뭐 이렇게 자근자근 밟지?

정민의 말에 모두 엥? 정민, 꽃바구니 보고는 참… 기뻐하며 한번 들
어본다.

정민　내가 그래도 친구들 덕분에 웃고 산다. 생일이라고 누가 챙겨.

이젠 우리 엄마도 안 챙겨줘. 나 정말 아침에 눈물 났거든. 니들밖에 없다.

어떡하지… 아무도 사실을 말하지 못한다.

지우   내 건데.

정민   (한껏 미소로 뭔 개소리?)

경도, 그냥 넘어가자고 지우 팔을 삭… 잡는다.

지우   (어쩔) 오늘 내 거라고. 내 날이라고. 나 출근 축하 깜짝 파티.

정민   아… (모두들 둘러보며) 정말? 음…. 진짜?

경도   에이 일타쌍피지. 둘 다 축하하고 와 기쁨이 두 배 그치?

우식   우린 이래서 잘 맞아 그치?

세영   안 먹혀, 그만해.

지우   촛불은 오빠가 불게 해줄게.

정민   (진심) 그럼 난 고맙지. 그런 거 안 해본 지 3년 차거든.

지우   아우 오빠 너무 불쌍하게 산다. 결혼정보업체 좋대. 신청 한번 해봐.

정민   지우 오늘 좋은 날인데 이럴 거야?

지우   맞다. 오빠가 나 먹으라고 한우도 보냈는데 잘해야지. 쏘리~!

세영, 우식, 정민이 동시에 경도를 본다.
경도, 민망해서 케이크에 초를 정성껏 꽂아본다.

54.   나무미술학원 전경 (밤)

유리 너머로 보이는 친구들.
모두 생일 축하 노래를 불러주는 듯. 정민 신나게 촛불을 끈다.
박수 쳐주고, 생일빵이라고 우식이 정민의 등짝을 후려치고.

55.　일식집 안 (밤)

강민우와 최 전무가 술을 마시며 식사 중이다.

강민우　임원들 분위기는 어때요? 서지우 반기는 분위긴 아닐 거고.

최 전무　못마땅해들은 하죠. 근데 또 섣부르게 싫은 내색하는 사람들도 아니고.
　　　　　다들 선대 회장님 사람들이니까… 존중하자 그런 분위기.

강민우　이 회사는 뭐랄까…. 무슨 집단 같아, 돈 벌자고 모인 게 아니라, 장인어른 추종 집단? 난 그게 참 불편해요.

최 전무　강 상무님도 인정해야 되는 부분이죠. 서 회장님 청춘부터 함께한 사람들이고, 워낙 서 회장님이 가족처럼 챙겼으니까.
　　　　　이렇게 산이 높은데, 넘을 수 있겠어요? 이젠 서지우도 등판하고.

강민우, 한 잔을 넘기고, 비릿 웃으며.

강민우　너~무 고마운 등판이죠. 지 잡혀 먹힐 굴에 지 발로 들어오는 건데….
　　　　　걔가 잘할 리가 없잖아요. 신나게 말아먹든가 병신처럼 찌그러져 있든가.
　　　　　그럼 우린 더 좋은 명분을 갖게 되는 거지. 자림을, 팔아서, 다들 한 몫 잡고 해산하자…. (자신만만) 그때 되면 서로 우리 쪽에 붙을걸?

최 전무, 생각한다. 그럴싸하다. 하지만.

최 전무　강 상무님이… 몇 년생이시죠?

강민우　(회를 질겅질겅 씹다가) 갑자기?

최 전무　못해도 십 년은 어린 거 같은데. (날 세운 차가움) 살살 말을 놓으시네.

강민우, 이 여자 봐라… 빤히 보다가, 얼른 자세 고쳐 앉아주며.

강민우	아이고 실례했습니다. 최 전무님을 너무 의지했나 봐요.
	저도 모르게 말을 편하게 했어요. 주의할게요.
최 전무	아주 작은 것에서 신뢰라는 게 생기는 거 같아요.
	선대 회장님은 우리에게 한 번도 말씀 편하게 하신 적이 없어요.
	별거 아닌 거처럼 보이지만 그런 게 리스펙트를 만들더라고요.

강민우, 최 전무가 만만하지 않다. 선하게 웃어 보이며 알아들었다는.

| 강민우 | 제가 많이 배워야죠. 자, 한 잔 올리겠습니다. |
| 최 전무 | 감사합니다. |

최 전무 잔을 들고, 강민우 술을 채운다. 두 사람 사이에 긴장이 돈다.

56.   일식집 앞 (밤)

택시를 타는 최 전무. 강민우, 작게 고개 숙여 인사한다.
최 전무도 예의 바르게 인사한다. 택시가 출발한다.
강민우, 픕… 웃음이 터진다.
담배 하나 꺼내 입에 물며.

| 강민우 | 아유… 저 꼰대 진짜…. (불을 붙이고 한 모금 불어내고) |

어딘가에 전화를 건다.

강민우	어. 저기 뭐야… 횟수를 좀 더 늘려봐. 약은 더 준비할 테니까.
	별일 없지? 그래, 조금만 더 수고해주고.
	얼른 끝내야 단비 씨나 나나 살길이야. 실수하지 말고.

통화 마치는 강민우, 담배 피우던 것을 던져버리고는 이동한다.

57.　조진언 부 회장실 안 (밤)

진언 부(남 70대 후반), 단단히 화가 난 얼굴이다. 조진언, 침 삼키기도 어려운 긴장.

진언 부	내 회사 변호인단 왜 만났어.
조진언	법률… 자문 좀 구하려고 만났어요.
진언 부	시끄러운 일 다 정리됐는데 뭘 자문해. 또 사고 쳤어?
조진언	(급 손사래) 에이~~ 아니요~!!! 제가 얼마나 조용히 운동만 하고 사는데요.
진언 부	그럼 뭐가 문제야. 솔직하게 말을 해야 도울 건 돕고 정리할 건 정리하지.

조진언, 망설이다가

조진언	아버지 저. 지우랑 다시 잘 살고 싶어요.
진언 부	(답답…) 진작 잘 살지. 근데, 거기에 법률 자문이 왜 필요해, 가서 무릎 꿇고 빌진 못할 망정.
조진언	이혼소송 물릴 수 있냐고 물어보느라고.
진언 부	(뭐라는 건가…) 물러?
조진언	저 억울해요 진짜…. 서지우가 저랑 이혼하고 싶어서 내연남이랑 짜고/

헙… 위험한 말이 나와버렸다. 큰났다 싶은 조진언.
진언 부, 점점 차가워진다.

진언 부	내연남…? 내연남!!!!

진언 부, 뭔가 들어 엎을 기세 가득하다. 조진언, 큰일났다… 울상이다.

58.   나무미술학원 앞 (밤)

정민과 이야기 중인 경도 얼굴.
미술학원 안으로 지우와 세영이 보인다.
지우, 갈 준비하며 세영, 우식과 스몰토크 중이다.
담배를 찾아 무는 정민, 경도가 슥 빼서 정민 손에 쥐여준다.

경도	애들 학원 앞인데 참….
정민	(쩝…) 안 그래도 내가 회사 앞으로 한번 갈까 했었어.
경도	?
정민	지난번에 내가 지우 일로 너무 좀… 날을 세워 가지고. 오해하지 마라. 그냥 걱정되는 거지, 니들이 어떻다는 건 아니야.
경도	알아.

잠시, 말이 없다가.

정민	니들은 무슨 사이로 있는 거야?
경도	….
정민	친구야… 썸이야? 아님… 다시 연애 중이야.

경도, 먼 곳을 보며 생각. 슬픈 눈.

경도	친구 하기 싫어.
정민	다시 만나 그럼!
경도	그 말을 못 하겠어.
정민	왜.

깊은 생각을 담고 있는 경도의 차분함.

정민	또 헤어지면… 너 완전 나가떨어질 거 같아서 무서워?

경도	(즉답) 아니. (아득한 얼굴) 그건 옛날이고.
	이젠 지우가 왜 떠났었는지 이해하게 됐거든.
	어떤 상황이 와도 내가 나가떨어질 거 같진 않아.
정민	근데 왜 말을 못 해.
경도	…. 지우가 어떻게 생각할까 걱정돼. 자기가 이혼하고 나니까 쉽게
	다가오나? 그런 자존감 떨어지는 생각하면 어떡하나 싶어.
정민	(답답) 아오 씨(발…) 구더기 무서워서 장 못 담그는 새끼.
	아우 답답해!!

지우가 나온다. 경도와 정민, 입을 다문다.

지우	어? 내 욕한 분위긴데?
정민	이 새끼 욕했어.
경도	대놓고 욕먹었어.

세영과 우식도 나와 서로 인사한다.

59.   골목 (밤)

경도와 지우가 걸어간다. 경도, 가방에서 부스럭 뭔가 꺼낸다.
검은 비닐봉지, 지우에게 건넨다.

지우	뭐야?
경도	출근 축하 선물.
지우	포장이 왜 이래.
경도	실속이 중요하지.

지우, 꺼내보면, 와… 지압 슬리퍼. 지우, 걸음을 멈추고 경도를 째려
본다.

경도	맨발 걷기 좋아하는 거 같아서. 찾아보니까 발바닥에 혈자리가 다 있더라? 우리 국장님도 이거 신거든.
지우	됐어. 너나 신어.

지우, 슬리퍼 경도 품에 퍽 넘긴다.

경도	이게 혈액순환 찐이라니까?
지우	아 패션 회사 상무가 이런 걸 어떻게 신어!!
경도	책상 아래 두고 신어. 혼자 있을 때 이거 신고 사무실 몇 바퀴 돌아. 요통도 사라진대.
지우	너 이거 장사해?
경도	어허 또 이른다.
지우	나한테 줄 선물이 진짜, 지구상에 진짜, 이거 하나밖에 없었어? 진심으로?
경도	(슬리퍼 이리저리 보며) 디자인이 좀 그런가? 여기다 그럼 하나 그릴까?

지우, 아유… 슬리퍼 확 뺏어서 걸어간다. 흐흐… 재밌는 경도.

/지우 자동차 앞의 두 사람. 막상 헤어지려니 아쉽기도 하고.

지우	영동대교 안 막히겠지?
경도	정체는 풀렸지.

지우, 자동차에 타야 하는데

지우	그래도 고마워. 잘 신어볼게.
경도	(보내려니 아쉽다) 첨엔 좀 아플 수 있어. 그래도 신다 보면 두통에도 좋고.
지우	요통에도 좋고? 할아버지냐? 간다.

지우, 자동차에 올라탄다. 시동을 걸고 창문을 내린다.
경도, 마음이 콩닥콩닥….

지우 택시 불렀어?
경도 불러야지.
지우 아님 뭐, 지하철역에 내려줘?

서로, 하고 싶은 말을 못 내놓는 두 사람. 지우, 어색함을 깨고 자동
차 전진하는데.
경도, 창문틀을 꽉 잡는다. 기가 막히게 얼른 서는 지우.

경도 영동대교 건너지 마.
지우 ?
경도 오늘은 강북에 있자.

엔딩.

60.   에필로그.

/2017년. 동운일보 연예부 사무실 안 (낮)
일반 기자 경도가 기사 하나를 멍하게 보고 있다.
보면, 지우의 결혼 기사. 조금 떨리는 경도의 두 눈.

/2017년. 주원대학교 운동장 옆 (낮)
경도, 운동하는 학생 몇 명을 바라본다. 아득한 옛 생각.

/2017년. 운동장 중앙에 벌러덩 누워 있는 경도.
파란 하늘을 바라본다. 축구하는 학생들 난감하게 피해 간다.

경도   누가 월하노인께 호소하여 내세에는… 우리가 서로 바꿔 태어나
천 리 밖에서 나는 죽고 너는 살아서…
(울먹이는) 나의 이 슬픈 마음을 너도… 알게 했으면.

흐르는 눈물, 경도 눈을 감아버린다.

/2017년. 운동장 중앙 (밤)
하얀 스니커즈. 터벅터벅 걸어온다. 보면, 지우다.
지우, 아주 오래전 여기서 경도와 웃었던 일을 기억한다.
지우, 우두커니 서 있다가, 갑자기 울어버린다. 멈추지 않는다.
그대로 무너지듯 쭈그리고 앉아 서럽고 애처롭게 우는 지우가 안쓰럽다.

경도를 기다리며 1

1판 1쇄 인쇄 2026년 1월 5일
1판 1쇄 발행 2026년 1월 14일

지은이 유영아
펴낸이 김영곤
펴낸곳 ㈜북이십일 아르테

편집진행 김민기
디자인 박지영
출판1본부 본부장 장미희
문학팀 김지연 원보람
출판영업팀 정지은 한충희 강경남 김도연 장철용 황성진 남정한 나은경 이정은
제작팀 이영민 권경민

출판등록 2000년 5월 6일 제406-2003-061호
주소 (10881) 경기도 파주시 회동길 201 (문발동)
대표전화 031-955-2100   **팩스** 031-955-2151
이메일 book21@book21.co.kr

아르테는 ㈜북이십일의 문학 브랜드입니다.

ISBN 979-11-7357-738-3 04680
ISBN 979-11-7357-737-6 (세트)